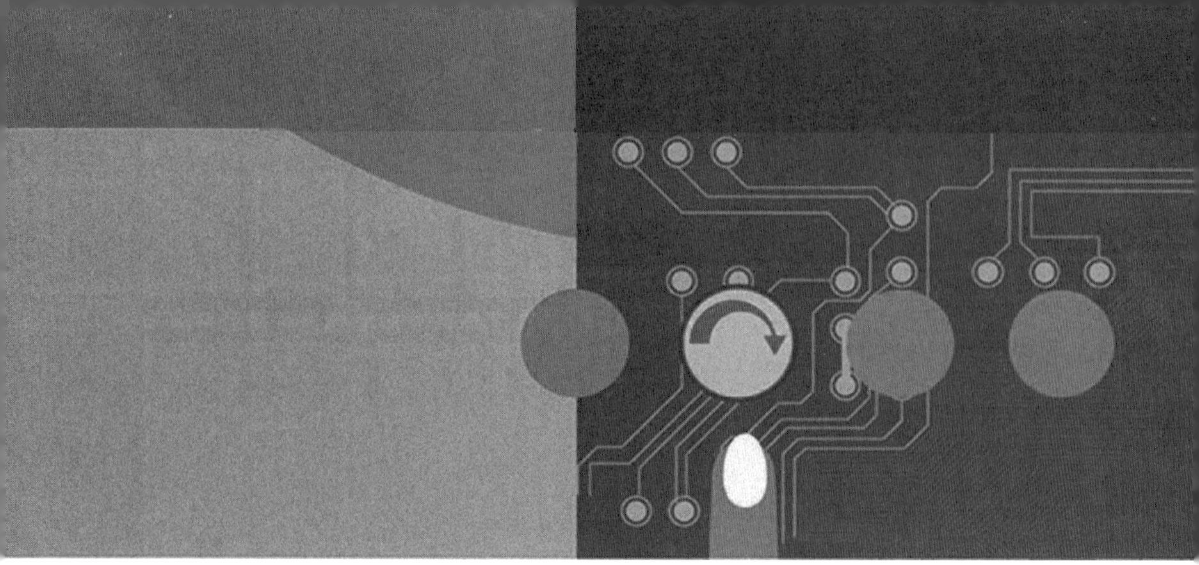

华南师范大学文科实验教材

语言研究统计学实验教程

主　编　周　榕
副主编　吴斯丹　冯　茵　刘巍巍

暨南大學出版社
JINAN UNIVERSITY PRESS

中国·广州

图书在版编目（CIP）数据

语言研究统计学实验教程/周榕主编 . —广州：暨南大学出版社，2015. 6
ISBN 978 - 7 - 5668 - 1447 - 0

Ⅰ. ①语…　Ⅱ. ①周…　Ⅲ. ①语言统计—实验—教材　Ⅳ. ①H0 - 05

中国版本图书馆 CIP 数据核字（2015）第 121058 号

出版发行：暨南大学出版社

地　址：中国广州暨南大学
电　话：总编室（8620）85221601
　　　　营销部（8620）85225284　85228291　85228292（邮购）
传　真：（8620）85221583（办公室）　85223774（营销部）
邮　编：510630
网　址：http：//www. jnupress. com　http：//press. jnu. edu. cn

排　版：广州联图广告有限公司
印　刷：佛山市浩文彩色印刷有限公司

开　本：787mm×1092mm　1/16
印　张：10. 5
字　数：201 千
版　次：2015 年 6 月第 1 版
印　次：2015 年 6 月第 1 次

定　价：28. 00 元

前　言

大学文科类学生的科研实验实践能力相对较弱，对此薄弱点，华南师范大学高度重视，出台了多项举措，如将各级大学生创新性实验计划项目都覆盖到文科类专业学生，并加强了文科类实验教学示范中心、文科类基础实验室、文科类教学实验教材的建设。本教程就是这些举措的产物，因而得到了学校的实验教材建设的立项和资助，也得到了学校教务处有关领导的大力支持，我们在此一并感谢。

本教程旨在提升学生的创新型实践能力，特别是运用统计软件SPSS开展语言学和应用语言学领域的科研实践的能力。SPSS是国际上最著名、最通用的社会科学统计软件之一，广泛用于社会学、经济学、心理学、教育学、管理学等领域，也是语言学和应用语言学领域的实验性量化研究的重要工具。掌握了该统计软件的使用，无疑能使学生开拓学术视野，扩展科研手段，提升实践能力，因而有利于学生创新型实践能力和评判性思维能力的发展。

本教程将循序渐进地、系统有机地培养学生语言研究统计学的实践操作能力，配合“语言研究统计学”和“语言测试”等课程的教学，提供给学生在语言实验室实际操作和训练的指导，概言之，本教程有以下特点：

（1）根据语言研究统计学的需要，遵循实验室训练的特点，提供详细的SPSS操作指南，并配以截图，一步步指引学生由浅入深地上机操作，提升语言实验研究所需的统计学操作能力。

（2）以实验项目的形式编写，每一个实验项目既自成体系，训练一种统计分析的操作能力，又为下一个实验项目打下相关技能基础，逐级培养、提升全面的统计学实操能力。

（3）本教程尽量采用语言学和应用语言学研究中的实例，分析真实语言研究数据，使学生在掌握统计分析技能的同时，也提升语言研究的理论素养和科学研究的方法。

（4）语言尽量地浅显，操作尽量地直观，避免深奥的数理分析，让数学知识相对较弱的文科学生也能容易地操作和理解。

（5）每章后面都配有相关练习和参考答案，给予学生较多的实践操作练习的机会，使学生没有教师指导时也能自主学习掌握。

笔者作为本教程主编，负责全书的设计、组织和统稿工作，并撰写了实验六、实验十一和实验十二。本书的实验四、实验八和实验九由吴斯丹老师撰写，实验一、实验五、实验七和实验十由冯茵老师撰写，实验二和实验三由刘巍巍老师完成。对本团队各位老师的辛勤工作，笔者在此表示衷心的感谢！

周　榕

2015 年 4 月

目 录
contents

实验一
数据初步整理能力的训练

要利用 SPSS 进行数据统计分析，首要的工作就是将研究数据导入到 SPSS 中，并建立相应的数据文件。但是实际收集到的数据往往是零散无序的，而且不能直接用于统计分析。因此，我们需要对原始数据进行科学的归纳、录入以及初步的整理，以便于更准确、更高效地进行统计分析。

实验一将详细介绍数据统计分析的前期工作，如数据文件的建立和导入，数据属性的设定，数据的整理、计算和变换等。这为日后采用其他的统计分析打下基础，为数据分析做好充分的准备。

1.1 SPSS 数据文件的建立

1.1.1 新建数据文件

打开 SPSS 软件后，选择菜单栏中的【File】，然后依次选择【New】、【Data】命令，创建新的空白数据文件，之后便可直接录入数据，如图 1－1 所示。

1.1.2 直接打开已有数据文件

打开 SPSS 软件后，选择菜单栏中的【File】，然后依次选择【Open】、【Data】命令，【Open Data】对话框弹出，如图 1－2 所示。选中需要打开的数据类型和文件名，双击左键即可打开该文件。

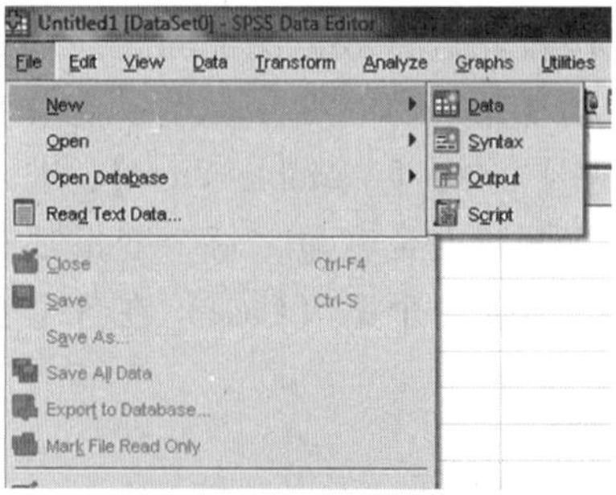

图 1－1　新建数据文件

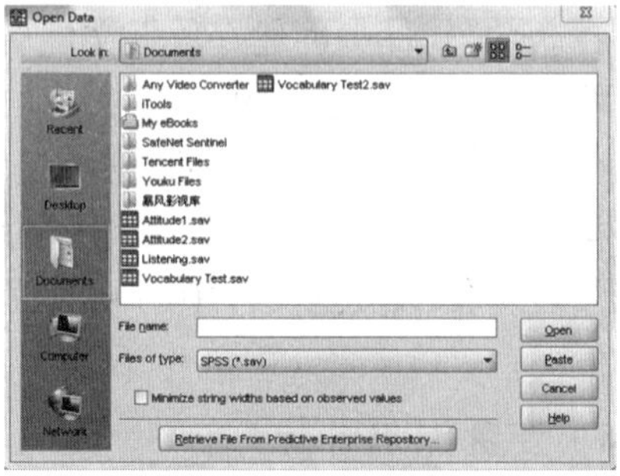

图 1－2　打开已有数据文件

1.1.3 从 Excel 复制数据到新建文件

图 1 – 3 是三个城市在实施了不同的教学模式一年后的水平测试成绩表。复制 Excel 数据，首先用鼠标选取各列、行数据，拷贝并粘贴于新建的 SPSS 文件中，如图 1 – 4 所示。值得注意的是，这些可直接拷贝的原始数据结构应与 SPSS 文件的数据结构相一致，且不需要拷贝 Excel 工作表第一行的名称，名称可以在 SPSS 数据浏览窗口右下方的【Data View】通过重新定义变量名来确定。

	A	B	C	D	E
1	City	Method	Sex	Grade	Score
2	Guangzhou	1	M	1	55
3	Guangzhou	2	F	2	62
4	Guangzhou	1	F	3	78
5	Guangzhou	2	M	1	56
6	Guangzhou	1	F	2	89
7	Guangzhou	2	M	3	78
8	Guangzhou	1	M	1	54
9	Guangzhou	2	F	2	55
10	Guangzhou	1	F	3	66
11	Guangzhou	2	F	1	76
12	Guangzhou	1	M	2	87

图 1 – 3　调查问卷的初步数据

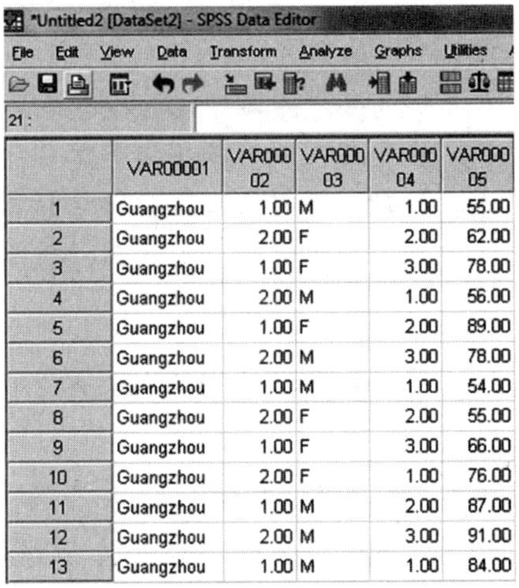

	VAR00001	VAR00002	VAR00003	VAR00004	VAR00005
1	Guangzhou	1.00	M	1.00	55.00
2	Guangzhou	2.00	F	2.00	62.00
3	Guangzhou	1.00	F	3.00	78.00
4	Guangzhou	2.00	M	1.00	56.00
5	Guangzhou	1.00	F	2.00	89.00
6	Guangzhou	2.00	M	3.00	78.00
7	Guangzhou	1.00	M	1.00	54.00
8	Guangzhou	2.00	F	2.00	55.00
9	Guangzhou	1.00	F	3.00	66.00
10	Guangzhou	2.00	F	1.00	76.00
11	Guangzhou	1.00	M	2.00	87.00
12	Guangzhou	2.00	M	3.00	91.00
13	Guangzhou	1.00	M	1.00	84.00

图 1 – 4　粘贴到 SPSS 文件的数据

思考题 1：数据导入到 SPSS 后能否马上开展统计工作呢？你将如何对图 1 – 4 的数据进行初步的整理呢？

1.2 SPSS 变量的定义

在 SPSS 软件中创建好数据文件后，应该首先进行数据文件的属性定义或者结构定义。一个完整的 SPSS 文件结构包括变量名称、变量类型、变量名标签、变量值标签等。可单击数据浏览窗口左下方的【Variable View】，进入数据结构定义窗口。SPSS 数据文件中的一列数据属一个变量，每个变量都有一个变量名。SPSS 数据文件中的一行数据为一个观测个案（Case）在各个变量上的值。

1.2.1 变量名

变量名（Name）是变量存取的标志，在定义 SPSS 数据属性时应首先定好每个变量的名字。SPSS 默认的变量名为 VAR00001、VAR00002 等，如图 1－4 所示。我们可以根据需要来命名变量，如单击图 1－5 中【Name】那一列，分别输入“City”和“Score”等。变量的命名应遵循以下基本规则：

（1）SPSS 变量长度不能超过 64 个字符（32 个汉字）；

（2）首字母必须是字母或者汉字；

（3）变量名的结尾不能是圆点、句号或者下划线；

（4）变量名必须是唯一的，不区分大小写；

（5）变量名不能使用 SPSS 的保留字，例如 ALL，AND，OR，NOT，EQ，GE，GT，WITH，以及一些常用的函数符号等。

1.2.2　变量类型

设置变量类型，要先单击图 1－5 中的【Type】按钮，待出现定义变量类型的对话框后再进行编辑，如图 1－5 所示。在对话框中选择合适的变量类型，然后单击【OK】，即可定义变量类型。如果选择了【String】，则在图 1－5 的【Characters】键入字符串的长度；如果选择了【Numeric】，则在图 1－6 的【Width】和【Decimal Places】中键入相应的数值型的长度以及小数点位数，两者的系统默认值分别为 8 和 2。

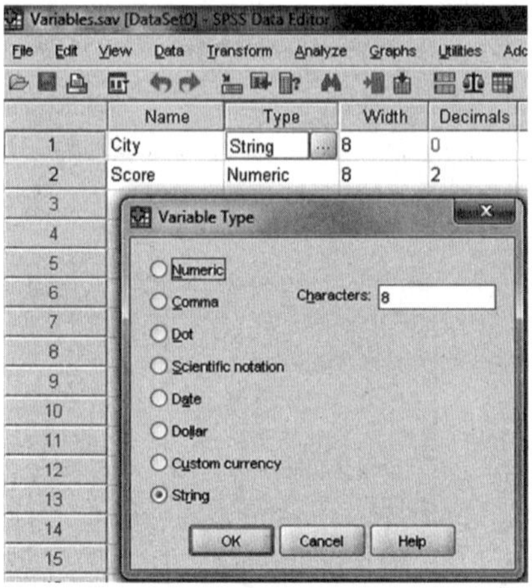

图 1－5　定义变量【String】时弹出的对话框

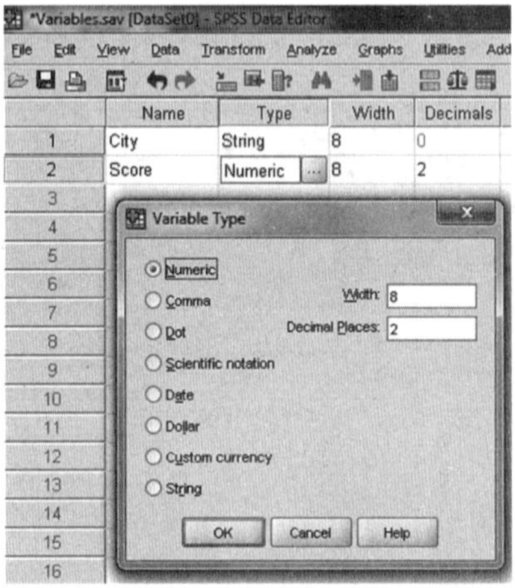

图 1－6　定义变量【Numeric】时弹出的对话框

1.2.3　变量名标签

变量名标签（Variable Label）是对变量名含义的进一步解释说明，它可以增强变量名的可视性和统计分析结果的可读性。由于在处理大规模数据时变量数目繁多，因此对每个变量的含义加以标注有利于弄清每个变量的实际含义。变量名标签一般用英文，如果是中文版的 SPSS，也可以用中文标记，总长度可达120个字符。

1.2.4 变量值标签

变量值标签（Value Label）是对变量的每一个可能取值的进一步描述。当变量是定类或者定序变量时，不同的变量值一定要确定其相应的标签。设置变量值标签须单击图1-7中的【Values】下相应的  框，此时弹出【Value Labels】对话框。如果要把“Method”变量分为任务型方法（Task-Based Method）和教授型方法（Lecture-Based Method），可用“1”和“2”来分别代表这两种方法，以下是如何给出变量值标签的步骤。

（1）在【Value Labels】对话框中的【Value】右边的文本框输入“1”，在【Label】后输入“Task-Based Method”，代表第一种教学方法，再点击【Add】。

（2）以同样的方法，在【Value】右边的文本框输入“2”，在【Label】后输入“Lecture-Based Method”，代表第二种教学方法，再点击【Add】。如果有更多的类别，可按同样的方法定义变量值。如果需要改变和删除变量值标签，可以单击相应项目，按【Change】改变或者【Remove】进行删除，最后按【OK】。

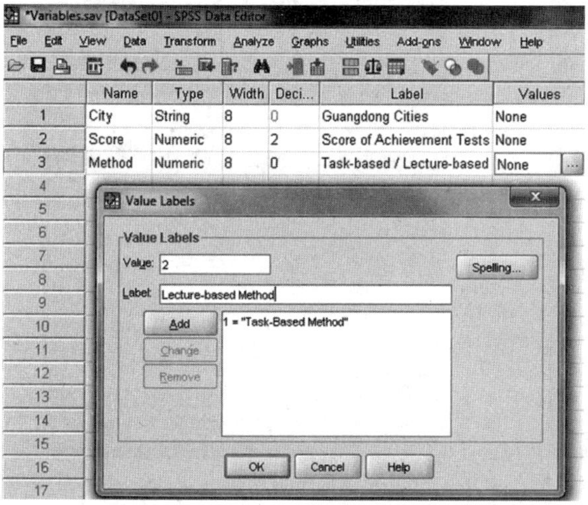

图1-7 【Value Labels】对话框

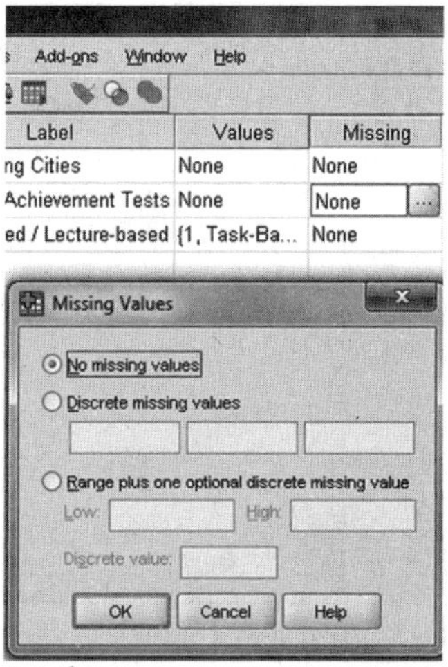

图1-8 【Missing Values】对话框

1.2.5 变量缺失值

在统计分析中，收集到的数据可能会出现这样的情况：数据中出现明显的错误和不合理的情形，或者某些数据项的数据填错、漏填了。如果文件中的所有数据在分析中都可以使用，就会使错误数据参与统计，致使分析结果不准确。为避免出现这种情况，可通过自行定义缺失值来筛选数据，使缺失值不参与统计分析。

如图 1 -8 所示，在数据定义窗口的【Missing】列中任意选择一个单元格，单击其右侧的 ，【Missing Value】对话框弹出，框中有三种缺失值的定义方式可以选择。

（1） No missing values：不指定缺失值，这是系统默认项。

（2） Discrete missing values：对字符型或数据型变量，可填入 1 ~3 个特定的离散值作为定义的缺失值。

（3） Range plus one optional discrete missing value：缺失值可定义在一个由下限和上限组成的连续区间里面，并可输入一个该区间以外的离散值。

1.2.6　变量列宽

如图 1 -9 所示，【Data View】窗口中的【Columns】列，主要用于定义列宽，单击向上和向下的箭头按钮可以调整列宽，系统默认宽度为 8。

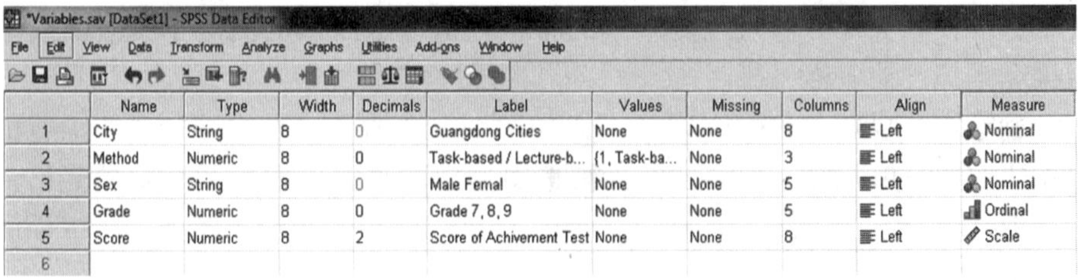

	Name	Type	Width	Decimals	Label	Values	Missing	Columns	Align	Measure
1	City	String	8	0	Guangdong Cities	None	None	8	Left	Nominal
2	Method	Numeric	8	0	Task-based / Lecture-b...	{1, Task-ba...	None	3	Left	Nominal
3	Sex	String	8	0	Male Femal	None	None	5	Left	Nominal
4	Grade	Numeric	8	0	Grade 7, 8, 9	None	None	5	Left	Ordinal
5	Score	Numeric	8	2	Score of Achivement Test	None	None	8	Left	Scale
6										

图 1 -9　【Data View】对话框

1.2.7　变量对齐方式

如图 1 -9 所示，【Data View】窗口中的【Align】列，主要用于定义数据对齐方式，可选择“Left”左对齐、“Right”右对齐，或者“Center”居中对齐。

1.2.8　变量测量类型

如图 1 -9 所示，【Data View】窗口中的【Measure】列，主要用于定义变量的测量类型。根据情况可以有三种选择：对于等距型变量或比率变量可选择“Scale”；对于顺序型变量可以选择“Ordinal”，可以是数值型变量，也可以是字符型变量；对于称名型变量可以选择“Nominal”，可以是数值型变量，也可以是字符型变量。

思考题 2：根据图 1 -9，解释什么是等距型变量数据、顺序型变量数据和称名型变量数据。

1.3　SPSS 数据的整理

在 SPSS 数据编辑窗口里，表格的顶部标有经过定义的变量名，左侧有观测个案（Case）的序号。一个变量名和一个观测个案对应的单元格的数据便是该个案在该变量上的值。

通常情况下，刚刚建立的 SPSS 数据文件不能立即进行统计分析，这是因为输入的数据还是原始数据，可能存在错误、缺失等。此时，需要对原始数据进行进一步的加工、整理，使统计工作更科学、系统和合理。这部分将介绍如何对 SPSS 数据进行增减、排序、转置和分类汇总等。

1.3.1　数据的增减

增加一个观测个案有两步：① 如图 1－10 所示，点击选定要插入行的最左边的序号单元格，如第四行，被选中的观测个案所在行的全部单元格都被选中。②单击鼠标右键，选【Insert Cases】命令，便可在选中的行之上增加一个空行，此空行可输入观测个案的各个变量值。原来的测量个案及其后的观测个案都自动下移一行。

删除一个观测个案也是两步：① 如图 1－10 所示，点击选定要删除行的最左边的序号单元格，如第四行，被选中的观测个案所在行的全部单元格都被选中。② 单击鼠标右键，选【Clear】命令，此行的观测个案消失，下面的观测个案都自动上移一行。

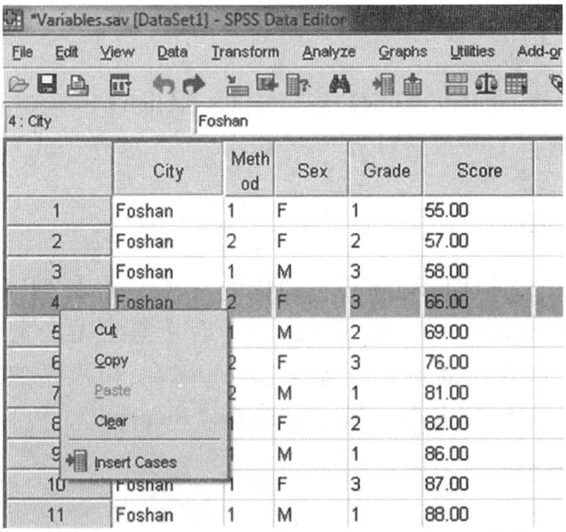

图 1－10　增减观测量

1.3.2　数据的排序（相当于 Excel 里面的排序）

在进行数据处理时，需要按某个变量值重新排列各个观测个案在文件中的先后顺序。以下是为数据排序的步骤：

（1）点击菜单栏【Data】，选取下拉菜单的【Sort Cases】命令，弹出【Sort Cases】对话框，如图 1－11 所示。

（2）假设我们选取“Score...”作为排序变量。在对话框左侧的候选变量列表框中选择排序变量“Score...”，单击右向箭头按钮，将其移至【Sort by】列表框中。

（3）在【Sort Order】选项组中可点击【Ascending】，即按变量的大小升序排序；若点击【Descending】，则按变量的大小降序排列。最后单击【OK】，结果如图 1－12 所示。

思考题 3：如果排序的变量不止一个怎么办？

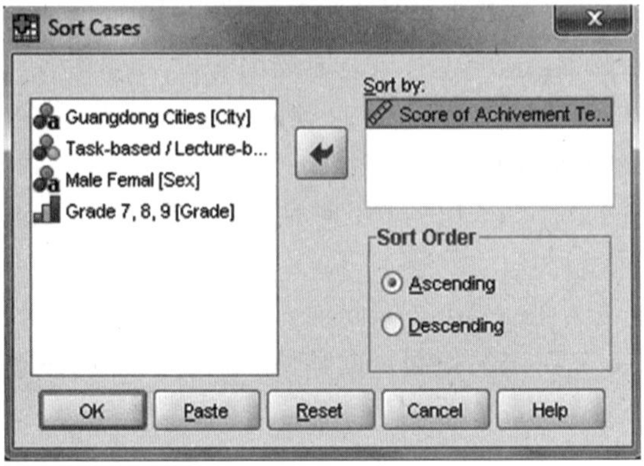

图 1－11　【Sort Cases】对话框

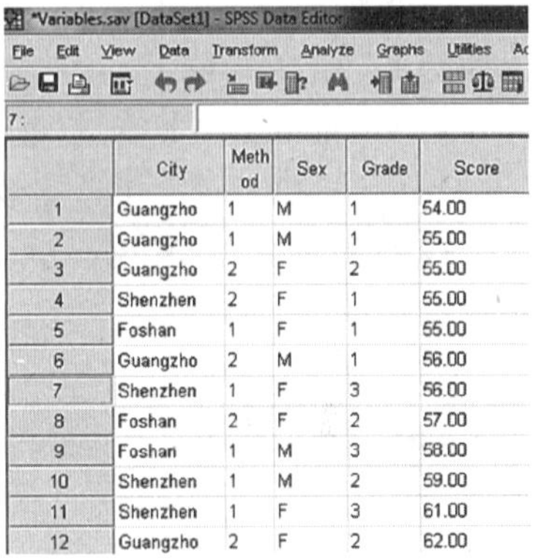

	City	Meth od	Sex	Grade	Score
1	Guangzho	1	M	1	54.00
2	Guangzho	1	M	1	55.00
3	Guangzho	2	F	2	55.00
4	Shenzhen	2	F	1	55.00
5	Foshan	1	F	1	55.00
6	Guangzho	2	M	1	56.00
7	Shenzhen	1	F	3	56.00
8	Foshan	2	F	2	57.00
9	Foshan	1	M	3	58.00
10	Shenzhen	1	M	2	59.00
11	Shenzhen	1	F	3	61.00
12	Guangzho	2	F	2	62.00

图 1－12　【Sort Cases】排序结果

1.3.3　数据的转置

利用 SPSS 的转置功能可以将原数据文件中的行、列进行互换，即将观测个案转变为变量。当转置结束后，系统会创建一个新的数据文件。进行行列转置的步骤如下：

（1）在菜单栏【Data】选取下拉菜单的【Transpose】命令，弹出【Transpose】对话框，如图 1－13 所示。

（2）选取所有变量作为转置对象，单击右向箭头按钮，将其移至【Variable（s）】列表框中，最后单击【OK】，结果如图 1－14 所示。由于数据文件转置后，数据属性的定义会丢失，因此要慎用此功能。

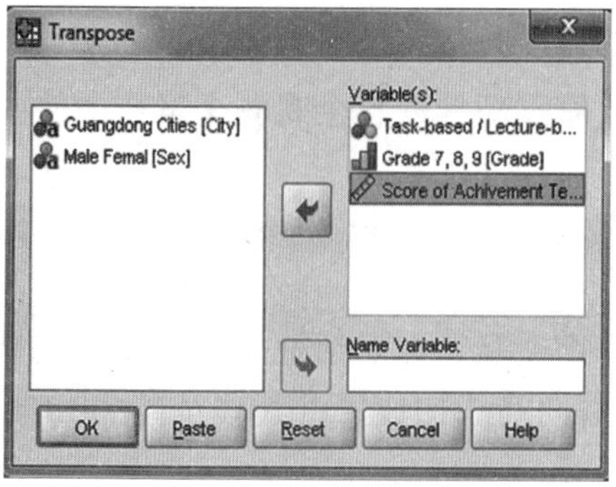

图 1－13 【Transpose】对话框

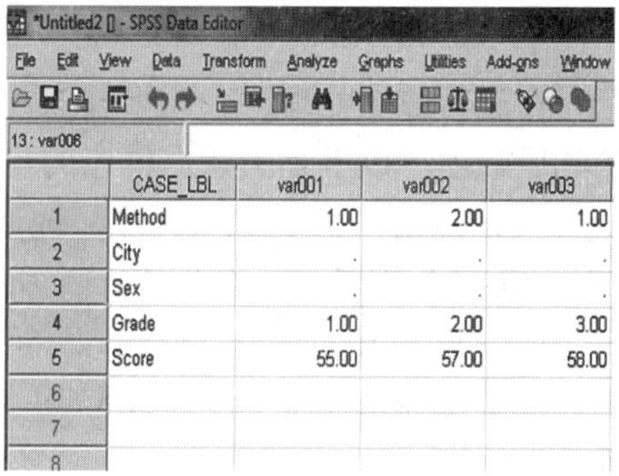

图 1－14 【Transpose】转置结果

1.3.4 数据的分类汇总

SPSS 可对数据按照指定变量的数值进行归类，分组汇总。例如要了解不同城市的学生水平测试平均成绩，需要对数据按照所在城市进行分类，步骤如下：

（1）如何分配变量：单击【Data】菜单中的【Aggregate Data】命令，弹出如图 1－15 的对话框。在左侧候选框点击“City”，通过向右箭头将其移入【Break Variable（s）】列表框，再点击“Score”，通过向右箭头将其移入【Summaries of Variable（s）】列表框，如图 1－15 所示。

（2）如何定义函数：单击【Function...】，打开对话框，选择【Mean】函数。

（3）如何保存：在【Save】选项中选“Add... dataset”，然后单击【OK】，结果如图 1－16 所示。“Score_ mean”一列的观测量就是按城市分类下的成绩平均值。

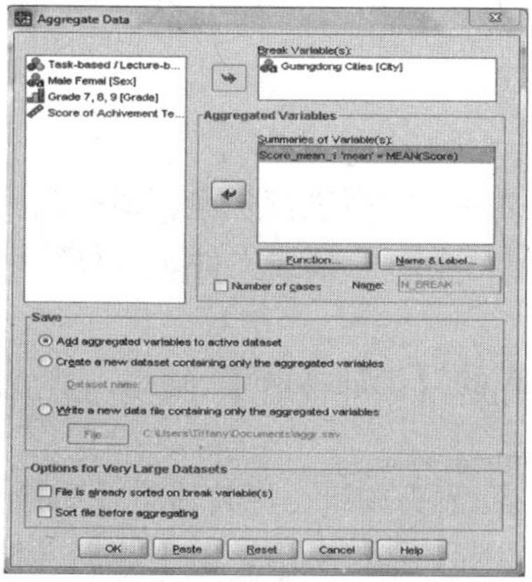

图 1－15 【Aggregate Data】对话框

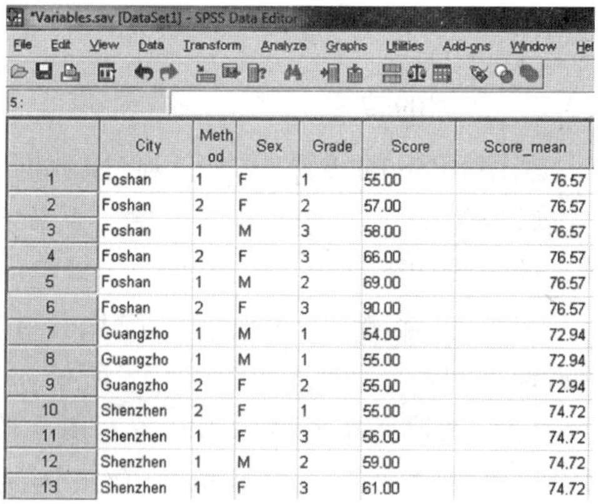

图 1－16 【Aggregate Data】分类汇总结果

1.4　SPSS 变量的处理

1.4.1　变量的增减处理

增加一个变量有两步：① 如图 1－17 所示，若要在第四列前增加新的一列，先单击第四列列首，此时整个列被选。② 单击鼠标右键后，点击【Insert Variable】命令。系统将在第四列前插入一个新的变量列，可以在该列输入观测值，原第四列自动向右移动成为第五列。

删除一个变量也有两步：①如图 1－17 所示，若要删除第四列，先单击第四列的列头，此时整个列被选。②单击鼠标右键后，点击【Clear】命令，此列所有观测值消失，右边的变量左移一列。

思考题 4：如何通过【Variable View】增加和删除变量？

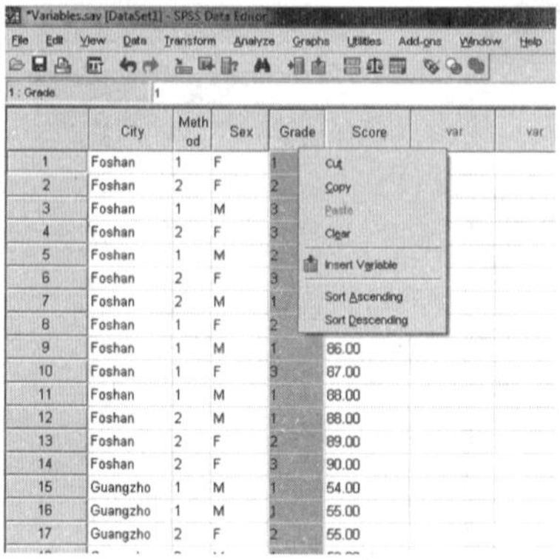

图 1－17　如何增减变量

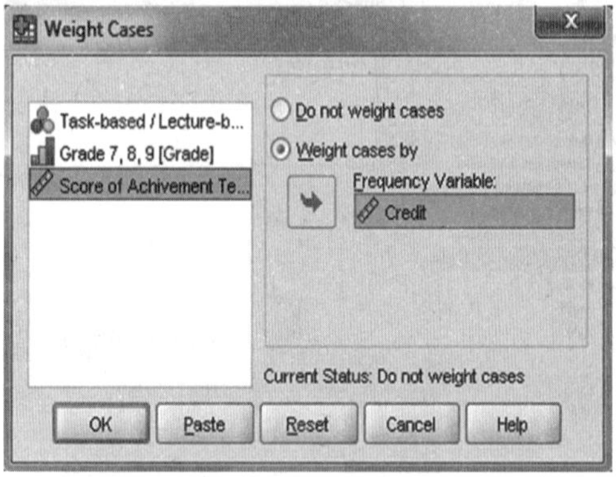

图 1－18　【Weight Cases】对话框

1.4.2　变量的加权处理

在实际统计中常常需要计算数据的加权平均值。例如，如果单靠期末考试成绩的算术平均数去评定某学生的学习成绩，这是不合理的，还应该考虑各学科的学分对平均成绩的影响。因此，以某学科的学分作为权重来计算一个学生考试成绩的平均数，更为合理。进行变量的加权处理的步骤如下：

（1）单击【Data】菜单中的【Weight Cases】命令，弹出如图 1－18 对话框。

（2）选择“Weight cases by”。

（3）从左侧候选框点击“Credit”，通过向右箭头将其移入【Frequency

Variable】列表框，再点击【OK】完成。

1.4.3 变量的计算处理

有时候收集到的原始数据并不能直接提供有用的信息，此时需要将原数据进行变换，生成有用的新变量。例如，三个城市的英语水平测试里面包含了听力成绩、阅读成绩等，我们需要计算听力占总成绩的百分比，用这个比例作为一个新的变量。SPSS 变量计数处理的步骤如下：

（1）单击【Transform】菜单中的【Compute Variable】命令，弹出如图1－19的对话框。

（2）在【Target Variable】文本框定义目标函数名为“Rate”，表示听力占总成绩的百分比。

（3）在【Numeric Expression】文本框中输入计算表达式“Listening/Score”，如图 1－19 所示。最后单击【OK】，结果如图 1－20 所示，新增的“Rate”变量就是计算出来的比例值。

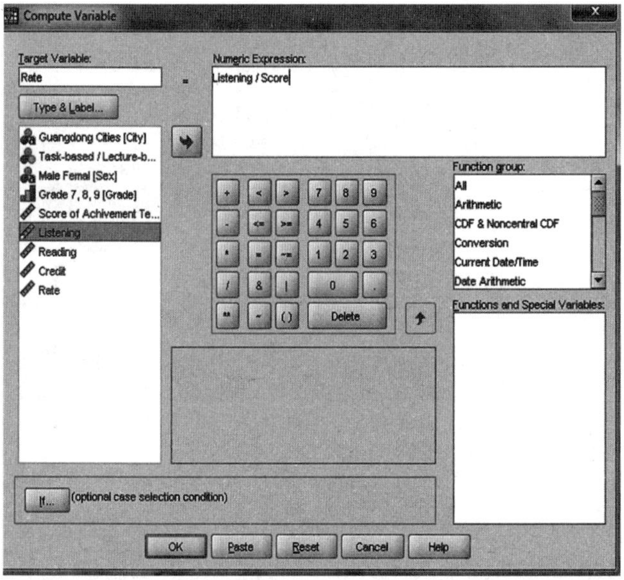

图 1－19 【Compute Variable】对话框

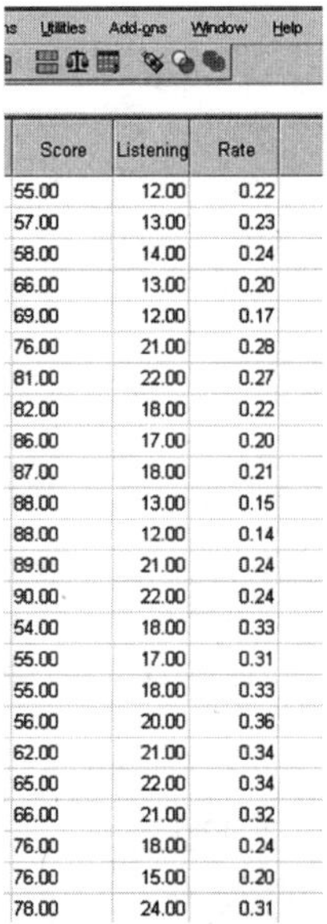

Score	Listening	Rate
55.00	12.00	0.22
57.00	13.00	0.23
58.00	14.00	0.24
66.00	13.00	0.20
69.00	12.00	0.17
76.00	21.00	0.28
81.00	22.00	0.27
82.00	18.00	0.22
86.00	17.00	0.20
87.00	18.00	0.21
88.00	13.00	0.15
88.00	12.00	0.14
89.00	21.00	0.24
90.00	22.00	0.24
54.00	18.00	0.33
55.00	17.00	0.31
55.00	18.00	0.33
56.00	20.00	0.36
62.00	21.00	0.34
65.00	22.00	0.34
66.00	21.00	0.32
76.00	18.00	0.24
76.00	15.00	0.20
78.00	24.00	0.31

图 1－20 变量计算结果

1.4.4 变量的自动分组处理

统计过程往往需要对某些变量进行分组，使其变成类别变量，即对变量进行重新赋值或者重新编码。例如在三个城市的英语水平测试中，将 80 分以上的成绩定为 A 水平等级，70～80 分为 B 水平等级，70 分以下为 C 水平等级。SPSS 分组变量的步骤如下：

（1）单击【Transform】菜单中的【Recode into Different Variables】命令，弹出如图 1 – 21 的对话框。

（2）在【Recode into Different Variables】对话框的左边的变量名列表中选定一个需要分组或重新赋值的变量，如“Score”，移入右边的【Numeric Variable→Output Variable】文本框内，同时在【Name】和【Label】输入新的变量名和标签，便于注释说明。

（3）单击【Old and New Values...】，打开相应文本框，如图 1 – 22 所示。在【Old Value】变量值范围的【Range，LOWEST through value】文本框中输入“70”，然后在【New Value】的最下面勾选【Output variables are strings】选项，在其【Value】文本框输入“C level”，这表示成绩在 70 分以下的范围在新变量中被定为 C 水平等级，然后单击【Add】，完成第一个变量赋值。以同样方式，定义旧变量的范围和新变量的变量值，得到如图 1 – 22【Old→New】文本框的结果。最后单击【Continue】回到图 1 – 21 的对话框。

（4）单击【Change】完成变量赋值，最后点击【OK】。结果如图 1 – 23“Grading”列所示。

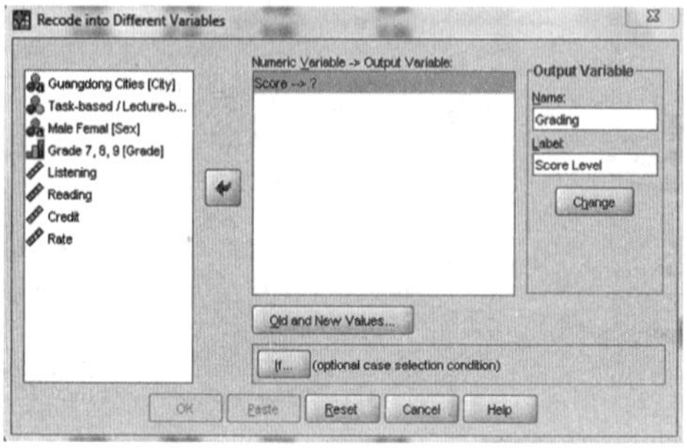

图 1 – 21　【Recode into Different Variables】对话框

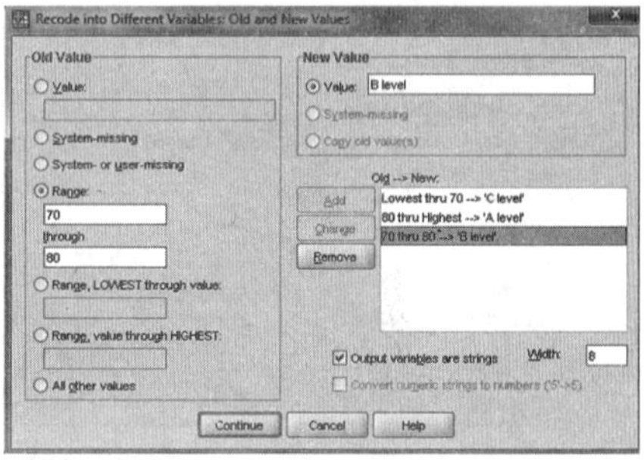

图 1 – 22　变量自动赋值处理

	City	Method	Sex	Grade	Score	Listening	Reading	Credit	Rate	Grading
1	Foshan	1	F	1	55.00	12.00	30.00	2.00	0.22	C level
2	Foshan	2	F	2	57.00	13.00	32.00	3.00	0.23	C level
3	Foshan	1	M	3	58.00	14.00	28.00	4.00	0.24	C level
4	Foshan	2	F	3	66.00	13.00	27.00	5.00	0.20	C level
5	Foshan	1	M	2	69.00	12.00	29.00	3.00	0.17	C level
6	Foshan	2	F	3	76.00	21.00	30.00	4.00	0.28	B level
7	Foshan	2	M	1	81.00	22.00	40.00	2.00	0.27	A level
8	Foshan	1	F	2	82.00	18.00	42.00	3.00	0.22	A level

图 1 – 23　变量自动赋值结果

1.4.5　变量的计数处理

数据分析中，常常需要计算一些变量在同一个观测个案中满足要求的特定变量值出现的次数。例如，在三个城市的水平测试中，需要计算有多少学生的听力成绩和阅读成绩都在 20 分以上。此时 SPSS 可以采用变量值计数处理来实现，具体步骤如下：

（1）单击【Transform】菜单的【Count Occurrences of Values within Cases】命令，弹出如图 1－24 所示的对话框。

（2）在【Count Occurrences of Values within Cases】对话框中，在【Target Variable】下的方框内输入需要计数的变量名称，如“X”；在【Target Label】下的方框内输入计数变量的标签，如“Scores above 20”，便于注释说明。

（3）在对话框的左边的变量名列表中选定一个需要计数的变量，如“Reading”和“Listening”，移入右边的【Numeric Variables】文本框内。

（4）单击【Define Values...】，弹出【Count Values within Cases：Values to Count】对话框，如图 1－25 所示。在【Range，value through HIGHEST】文本框输入“20”，单击【Add】后再点击【Continue】返回图 1－24。最后单击【OK】，结果如图 1－26 所示。

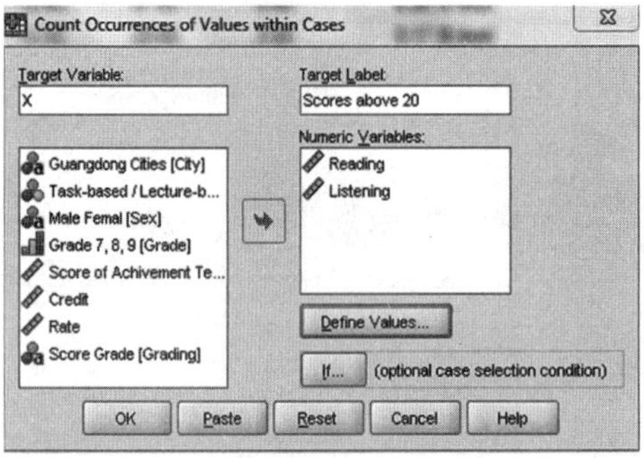

图 1－24 【Count Occurrences of Values within Cases】对话框

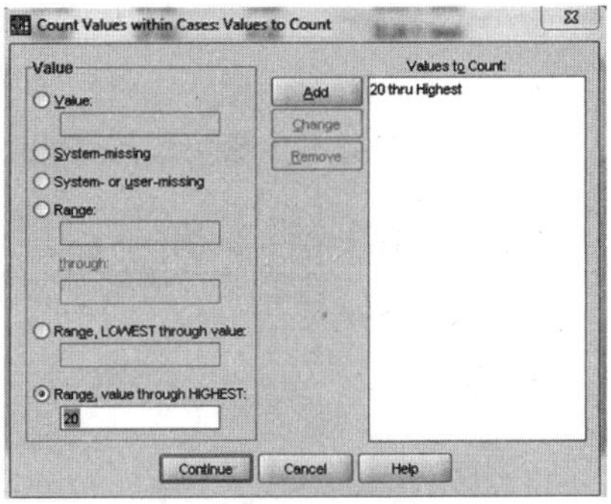

图 1－25 变量计数处理

	City	Method	Sex	Grade	Score	Listening	Reading	Credit	Rate	Grading	X	var
1	Foshan	1	F	1	55.00	12.00	30.00	2.00	0.22	C level	1.00	
2	Foshan	2	F	2	57.00	13.00	32.00	3.00	0.23	C level	1.00	
3	Foshan	1	M	3	58.00	14.00	28.00	4.00	0.24	C level	1.00	
4	Shenzhen	1	F	3	56.00	13.00	19.00	3.00	0.23	C level	0.00	
5	Foshan	2	F	2	89.00	21.00	40.00	4.00	0.24	A level	2.00	
6	Foshan	2	F	3	90.00	22.00	40.00	2.00	0.24	A level	2.00	
7	Guangzho	1	M	1	54.00	18.00	23.00	3.00	0.33	C level	1.00	
8	Guangzho	1	M	1	55.00	17.00	23.00	4.00	0.31	C level	1.00	

图 1－26 变量计数结果

思考题 5：新增的 X 变量为什么取值为 0、1 或者 2？

练习题

区教育局对某校中学英语老师的教师观念进行调查，表 1－1 是 10 位老师的资料，包括姓名、性别、所教年级、职称、课堂质量评分和教师观念分值。

表 1－1 某校中学英语老师的教师观念调查表

姓名 Name	性别 Sex	所教年级 Grade	职称 Title	课堂质量评分 Class Evaluation（100）	教师观念分值 Attitude Score（10）
李强	男	初三	二级教师	85	6.5
张三	女	初三	二级教师	75	5
李四	男	初三	一级教师	85	6.5
彭丽	女	初三	特级教师	90	7.5
汪峰	男	高一	二级教师	85	8
孙楠	男	高一	一级教师	85	7.5
李林	女	高一	一级教师	90	9
刘美	女	高三	二级教师	85	6.5
曹阳	男	高三	特级教师	85	7.5
黎姿	女	高三	特级教师	90	9

请利用 SPSS 对以上数据进行初步整理，要求：

（1）新建 SPSS 文件，录入数据，定义变量；

（2）对该文件按照课堂质量评分和教师观念分值分别进行降序、升序排列；

（3）将特级教师的教师资料筛选出来；

（4）根据课堂质量评分和教师观念分值，进行自动赋值处理和计数处理；

（5）增加或者删除观测量、变量。

思考题参考答案

1. 目前数据只是导入 SPSS 中，尚未进行数据初步处理分析，因此不能立刻开始后续统计工作。

2. 等距型变量数据通常是如身高、体重、成绩等连续变量。顺序型变量数据指具有内在固有大小或者高低顺序的数据，它可以用数值或者字符表示，例如年级或水平有高级、中级和初级之分，可以用 1、2 和 3 表示。称名型变量数据没有内在固有大小或者高低顺序，一般是以数值或者字符表示分类数据，如性别变量中的男和女，可以分别用 1 和 2 表示。

3. 进行多重排序。设定排序变量为第一排序变量、第二排序变量等，然后将这些排序变量依次放入【Sort by】列表框中，特别注意顺序不能调换。

4. 如果要增加变量，先点击【Variable View】，然后单击第四行行首，整个第四行被选中，再单击鼠标右键，选择【Insert Variable】命令，即插入一个变量名为“VAR0000n”的变量，原来的第四行将下移至第五行。可用类似的方式删除变量。

5. “0”代表听力和阅读成绩都在20分以下，“1”代表只有听力成绩或者阅读成绩在20分以上，“2”代表听力和阅读成绩都在20分以上。

实验二
数据集中趋势分析能力的训练

在统计描述中，通过统计图表可以比较直观、形象地反映一组数据的分布特征，但是为了进一步进行推断统计，研究人员往往需要计算出描述这组数据的数字特征量，包括集中量（集中趋势）和差异量（离散趋势）等。

分析一组数据的集中趋势，是统计分析的基本技能之一。实验二将介绍各种集中量的基本概念和基本原理，训练学生使用 SPSS 进行数据集中趋势分析的能力，同时通过实例分析帮助学生提高数据集中趋势分析的操作技能。

2.1 数据集中趋势分析概述

集中趋势（Central Tendency），又称集中量，代表一组数据的典型水平。在统计学中，集中趋势是指一组数据向某一中心值靠拢的程度，它反映了一组数据中心点的位置所在。集中趋势分析，就是寻找数据水平的代表值或中心值，通常用算术平均数、中位数、众数表示。

（1）算术平均数（Mean）：指某变量所有观测值的总和除以总观测次数所得到的商，通常简称为平均数、均数或均值。例如某一次英语语法测试，将全年级学生分数的总和除以全年级的学生人数，就可以得到这次语法测试成绩的算术平均数。

（2）中位数（Median）：指位于按一定顺序排列的一组数据中央位置的数值。中位数是划分一组数据中较大的一半与较小的一半的数目界限，即大于或小于中位数的数据各占 50%。例如某个班级一共有 51 名同学，在某次英语测试之后，将全班同学的测试成绩按照由高到低的顺序排列，排名第 26 位的同学的成绩为 74 分，那么这次英语测试成绩的中位数就是 74。也就是说，在这个班级中，本次英语测试成绩高于 74 分的学生人数和低于 74 分的学生人数相等。如果一列数据个数为偶数，中位数即为中间两位数的平均数，如“5，6，7，8，10，12，11，13”这组数据的中位数为 9。

（3）众数（Mode）：指一组数据中出现次数最多的那个数，可以不存在或多于一个。例如某次英语测试，全班同学中获得 79 分的人数最多，那么这次测试成绩的众数即为 79。

2.2　SPSS 在数据集中趋势分析中的应用

2.2.1　实例分析与 SPSS 操作

某高校在新生入学时对英语专业翻译方向的 16 名学生的英语水平进行测试，成绩统计如表 2-1 所示。请分析这次英语水平测试成绩的集中趋势。

表 2-1　英语专业翻译方向学生的英语水平测试成绩

65	63	66	72	69	65	72	67
69	69	57	74	73	67	69	65

步骤 1：输入数据。

（1）定义变量：如图 2-1 所示，新建一个 SPSS 文档，点击【Variable View】，将变量名【Name】设为"T1"、小数点【Decimals】设为"0"、变量类型【Type】设为"Numeric"，完成后按【OK】。

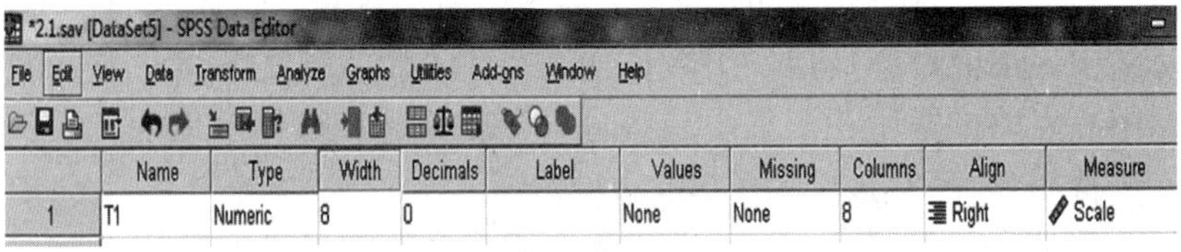

图 2-1　定义变量

（2）输入数据：点击【Data View】，将成绩录入相应的数据栏中，如图 2-2 所示。

	T1
1	65
2	63
3	66
4	72
5	69
6	65
7	72
8	67
9	69
10	69
11	57
12	74
13	73
14	67
15	69
16	65

图 2－2　输入数据

步骤 2：进行集中趋势分析。

（1）找到集中趋势分析：在菜单栏上单击【Analyze】，从下拉菜单中选取【Descriptive Statistics】，再单击【Frequencies】，弹出频数分析【Frequencies】对话框，如图 2－3 所示。

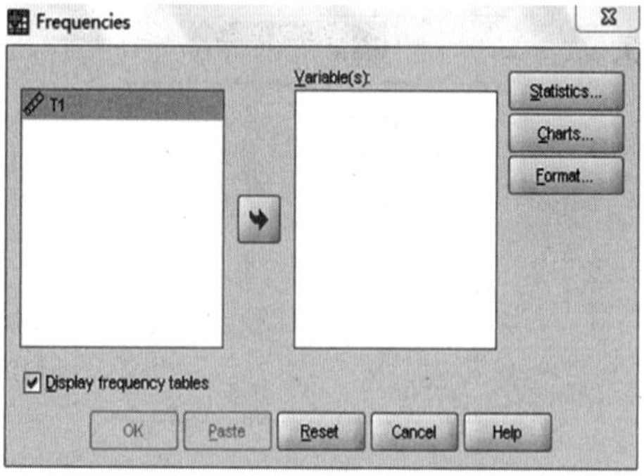

图 2－3　【Frequencies】对话框

（2）选定变量：从左侧的变量列表中选择成绩变量【T1】，单击右向箭头，将【T1】选入到【Variable（s）】的变量列表中，按【OK】确定。

（3）在图 2－3 所示的对话框中单击【Statistics...】，弹出【Frequencies：Statistics】对话框，如图 2－4 所示。在【Central Tendency】选项区中单击【Mean】、【Median】、【Mode】和【Sum】复选框，再单击【Continue】回到【Frequencies】对话框。

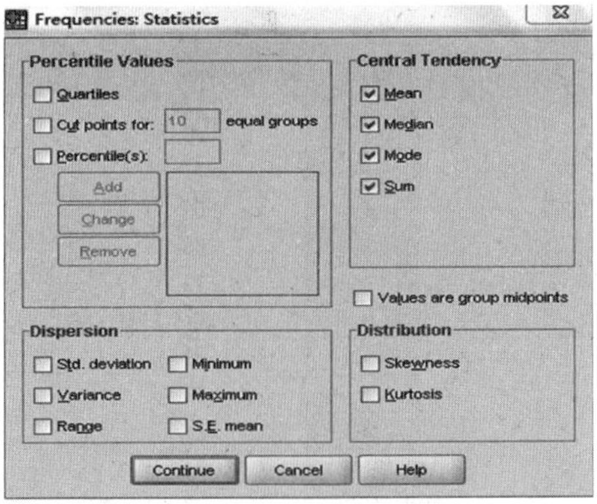

图 2-4 【Frequencies：Statistics】对话框

（4）点击【OK】便可得到平均数、中数和众数。

2.2.2 结果与分析

从表 2-2 中可以看出，这次英语水平测试的平均成绩为 67.63；全班成绩的中位数为 68.00，众数是 69。

表 2-2 描述性统计结果（Descriptive Statistics）

T1		
N	Valid	16
	Missing	0
	Mean	67.63
	Median	68.00
	Mode	69
	Sum	1082

练习题

1. 某高校对国际新闻专业的 10 名新入校的研究生进行了英语分级测试。测试试卷由听力、口语、阅读和写作四部分组成，四部分的得分如表 2-3 所示。请用 SPSS 分别对这次考试四个部分的成绩进行集中趋势分析。

表 2-3　英语分级测试四个部分的得分统计

听力	口语	阅读	写作
4. 3	6. 2	4. 5	4. 2
5. 2	5. 4	6. 2	3. 8
3. 7	6. 1	5. 3	3. 6
4. 7	5. 2	5. 4	4. 0
4. 8	5. 7	4. 8	3. 2
5. 2	6. 8	3. 9	2. 8
3. 8	5. 1	5. 1	3. 6
4. 7	4. 8	4. 8	3. 7
4. 5	6. 2	4. 6	3. 2
4. 4	5. 6	5. 1	4. 2

2. 某高校举行英语专业新入学本科生统一英语测验，42 名学生的平均成绩为 77 分。请思考 77 分是否一定代表这一届英语专业新入学本科生的典型英语水平。

练习题答案

1. 听力成绩的平均数、中位数分别为 4. 53、4. 6，众数为 4. 7 和 5. 2；口语成绩的平均数、中位数、众数分别为 5. 71、5. 65 和 6. 2；阅读成绩的平均数、中位数分别为 4. 97、4. 95，众数为 4. 8 和 5. 1；写作成绩的平均数、中位数分别为 3. 63、3. 65，众数为 3. 2 和 3. 6。

2. 全年级成绩的算术平均数容易受到极端值（极高分或极低分）的影响，而且有的时候成绩的分布不一定是正态分布。在这些情况下，全年级成绩的算术平均数不能反映全年级学生的典型水平。

实验三
数据离散趋势分析能力的训练

在实验二中，我们讨论了数据集中趋势的分析。但在语言学的相关统计研究中，对于研究而言仅仅用集中趋势来描述数据的分布特征是不够的，研究人员往往还需要分析数据的离散趋势，也就是各个数据之间的差异程度。

和分析一组数据的集中趋势一样，分析一组数据的离散趋势，也是统计分析的基本技能之一。实验三将介绍各种差异量的基本概念和基本原理，训练学生使用 SPSS 进行数据离散趋势分析的能力，同时通过实例分析帮助学生提高数据离散趋势分析的操作技能。

3.1 数据离散趋势分析概述

离散趋势（Divergence Tendency），代表数据离开集中量的程度。对于研究而言，仅仅用集中趋势来描述数据的分布特征是不够的，只有将离散趋势和集中趋势两者结合起来，才能全面地认识事物。在语言学的相关统计中，我们经常会碰到平均数相同的两组数据，但是其离散程度是不同的。例如，两组学生的口语测试成绩如表 3 - 1 所示，虽然这两组的平均分都为 75，但它们的离散程度却是不同的。相对而言，甲组的分数比较分散，变异性较大，不够整齐；而乙组的分数比较集中，变异性较小，得分整齐。

表 3 - 1　两组学生的口语测试成绩统计

甲组	45	52	58	65	77	83	85	92	94	99
乙组	58	63	67	72	74	79	81	83	84	89

描述一组计量资料离散趋势的常用指标有全距（极差）、平均差、方差、标准差、变异系数和四分位数等，其中方差和标准差最常用。

（1）全距（Range）：又称极差，即一组数据中的最大值和最小值之差。如表 3 - 1 里甲组的全距为 54（即 99 - 45），而乙组的全距为 31（即 89 - 58），这表明甲组的两极分化比乙组大。

（2）平均差（Mean Deviation）：平均差是指一组数据中的各个数据与平均数的离差的绝对值之和的平均数。一组数据中的各数据对平均数的离差有正有负，其和为零，因此平均差必须用离差的绝对值来计算。平均差越大，表示数据之间的变异程度越大，反之则变异程度越小。平均差用绝对值来度量，避免了正负离差的相互抵消，但不便于算术运算。

（3）方差（Variance）：在计算每个数据与算术平均数之差的和时，除了用绝对值来避免正、负数相抵消外，还可以用平方的方法求得方差。

（4）标准差（Standard Deviation 或 Std. Deviation）：指方差的平方根。和方差一样，标准差所反映的也是一组数据对以其均值为代表的中心的某种偏离程度。从定义可知，标准差较小，说明其数据的分布比较集中在均值附近，反之则是比较分散的。标准差的概念在统计学上具有重要的作用。对于任意一个总体，在确定了标准差以后，就可以精确地确定总体中的单位落在平均数两侧某个范围内的频率大小。

（5）变异系数（Coefficient of Variation）：标准差是表示所有数据离散性大小的一个绝对值，其度量单位与原数据的度量单位相同。因此，标准差只能度量一组数据对其均值的偏离程度。若要比较两组数据的离散程度，用两个标准差直接进行比较有时就显得不合适了。例如一个总体的标准差是 10，均值是 100；另一个总体的标准差是 20，均值是 2000。如果直接用标准差来比较两个总体，后一总体的标准差是前一总体标准差的 2 倍，似乎前一总体的分布更集中，而后一总体的分布更分散；但前一总体用标准差来衡量的各数据的差异量是其均值的 1/10，后一总体用标准差来衡量的各数据差异是其均值的 1/100，是微不足道的。可见用标准差与均值的比值大小来衡量不同总体数据的分散程度更合理。统计学上把这一比例称为变异系数。

（6）四分位数（Quartile）：把所有数值由小到大排列，取中间部位的 50% 个频数的一半作为差异量的指标，即为四分位数。

3.2 SPSS 在数据离散趋势分析中的应用

3.2.1 实例分析与 SPSS 操作

某高校在新生入学时对英语专业翻译方向的 16 名学生的英语水平进行测试，成绩统计如表 3－2 所示。请分析这次英语水平测试成绩的离散趋势。

表 3-2　英语专业翻译方向学生的英语水平测试成绩

65	63	66	72	69	65	72	67
69	69	57	74	73	67	69	65

步骤1：输入数据。

（1）定义变量：如图 3-1 所示，新建一个 SPSS 文档，点击【Variable View】，将变量名【Name】设为“T1”、小数点【Decimals】设为“0”、变量类型【Type】设为“Numeric”，完成后按【OK】。

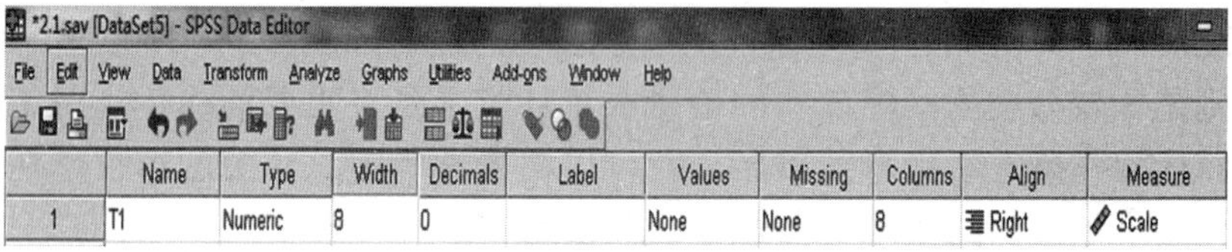

图 3-1　定义变量

（2）输入数据：点击【Data View】，将成绩录入相应的数据栏中，如图 3-2所示。

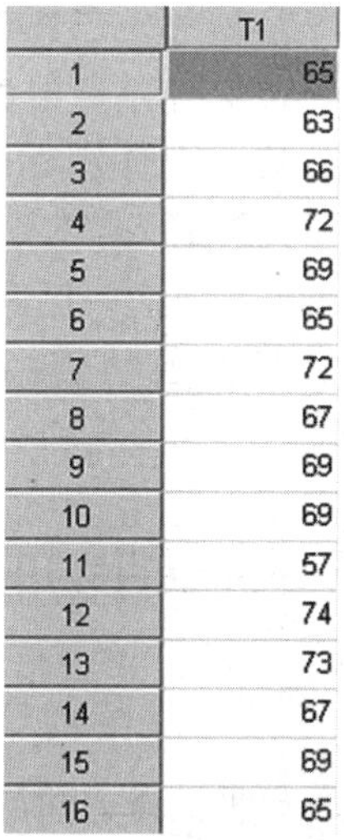

图 3-2　输入数据

步骤2：进行离散趋势分析。

（1）找到离散趋势分析：在菜单栏上单击【Analyze】，从下拉菜单中选取【Descriptive Statistics】，再单击【Descriptives】，弹出【Descriptives】对话框，如图3－3所示。

（2）选定变量：从左侧的变量列表中选择成绩【T1】，单击向右箭头，将【T1】选入到【Variable（s）】的变量列表中。

（3）在图3－3所示的对话框中单击【Options...】后，【Descriptives：Options】对话框弹出，如图3－4所示。在【Dispersion】选项区中勾选【Std. deviation】、【Variance】、【Range】和【S. E. mean】复选框，再单击【Continue】回到【Descriptives】对话框。

（4）点击【OK】，执行SPSS命令，输出结果如表3－3所示。

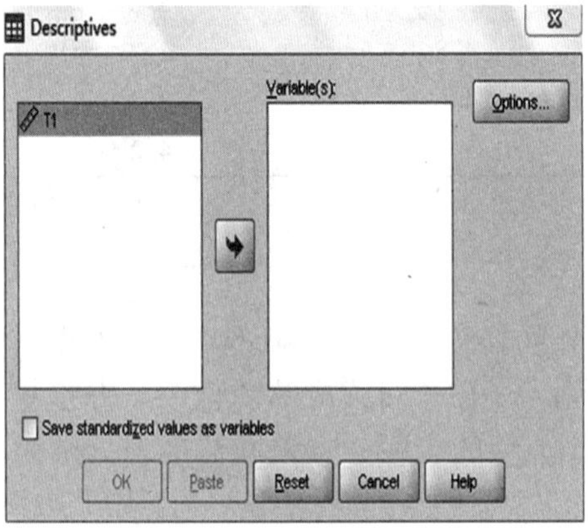

图3－3　【Descriptives】对话框

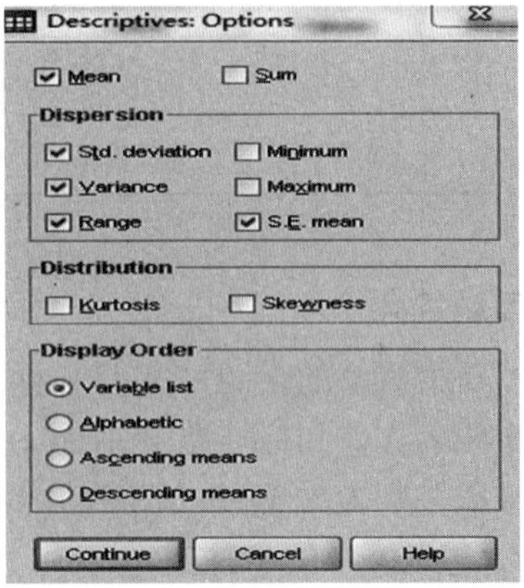

图3－4　【Descriptives：Options】对话框

3.2.2　结果与分析

从表3－3可以看出，这次英语测试的平均成绩为67.63；全班成绩的全距为17，方差为18.25，标准差为4.27。

表3－3　描述性统计结果（Descriptive Statistics）

	N	Range	Mean	Std. Deviation	Variance
T1	16	17	67.63	4.27	18.25
Valid N（listwise）	16				

练习题

某高校对国际新闻专业的10名新入校的研究生进行了英语分级测试。测试试卷由听力、口语、阅读和写作四部分组成，四个部分的得分如表3－4所示。请用 SPSS 分别对这次考试四个部分的成绩进行离散趋势分析。

表 3-4　英语测试四个部分的得分统计

听力	口语	阅读	写作
4.3	6.2	4.5	4.2
5.2	5.4	6.2	3.8
3.7	6.1	5.3	3.6
4.7	5.2	5.4	4.0
4.8	5.7	4.8	3.2
5.2	6.8	3.9	2.8
3.8	5.1	5.1	3.6
4.7	4.8	4.8	3.7
4.5	6.2	4.6	3.2
4.4	5.6	5.1	4.2

练习题答案

听力成绩的全距、方差和标准差分别为 1.5、0.258 和 0.508；口语成绩的全距、方差和标准差分别为 2、0.377 和 0.614；阅读成绩的全距、方差和标准差分别为 2.3、0.378 和 0.615；写作成绩的全距、方差和标准差分别为 1.4、0.209 和 0.457。

实验四
平均数差异显著性检验能力的训练

在实验二和实验三中，我们练习了数据集中趋势和离散趋势的分析方法及其在 SPSS 中的操作方法，但在实际应用中常常需要比较单个、两个样本的均值。例如，怎么比较两套不同阅读教材对英语学习者的阅读水平的影响？这个问题需要对使用这两套教材的两组学习者的阅读测试成绩差异进行检验，以判断两组成绩的总体平均数是否存在显著差异。

t 检验就是常用于解决这类问题的方法之一，它可以检验某一总体均数是否与另一给定总体均数间存在差异。实验四将介绍 t 检验的基本概念和基本原理，训练学生使用 SPSS 进行单样本 t 检验、独立样本 t 检验以及相关样本 t 检验，通过实例分析掌握 t 检验的操作技能。

4.1　t 检验概述

t 检验是在两个样本平均数（也称均数、均值）的基础上，检验相应的总体平均数之间的差异是否有显著意义，即是否存在真正的差异。例如，我们要比较两套不同阅读教材的使用对英语专业大学生阅读水平的影响，如表 4－1 所示。这时可以考虑使用 t 检验方法来对两个总体均值是否存在差异进行假设检验。

表 4－1　两套教材对英语专业大学生阅读水平的影响

教材类型	分数									
教材 A 组	98	95	82	78	89	92	96	81	92	81
教材 B 组	78	80	76	87	90	77	75	87	75	87

4.1.1　t 检验的主要类型

（1）单样本 t 检验，是处理一组样本均值与某一已知总体均数之间是否存在显著差异的假设检验。

（2）独立样本 t 检验，是用来比较两个独立样本均值之间是否存在显著差异的假设检验。所谓独立样本，是指两个样本之间没有任何关联，两个独立样本各自接受相同的测量，样本数可以相等也可以不相等。

（3）相关样本 t 检验，是用来比较成对观测数据之间是否存在显著差异的假设检验。它采用的数据是一一对应的，即样本个数相同、个案顺序相同，两变量数据的顺序不能随意调换。对同一组被试，用同一个测验先后测两次，所得的两组分数是相关样本；根据某些方面基本相同的要求把被试进行匹配成对，分别经过不同的处理后接受测试，所得两组分数也是相关样本。

思考题1：独立样本 t 检验与相关样本 t 检验的区别在哪里？

4.1.2　t 检验的主要概念

（1）标准差（Std. Deviation）：是方差的算术平方根，反映组内个体间的离散程度。均值相同，标准差未必相同；标准差越大，代表离散程度越大。

（2）标准误（Std. Error Mean）：是样本均值的标准差，用以描述均数抽样分布的离散程度及衡量均数抽样误差大小的尺度，反映的是样本均数之间的差异。标准误差不是标准差，而是多个样本均值的标准差。

4.1.3　使用条件

应用 t 检验时，数据应当满足以下几个条件：

（1）在各个水平之下的观察对象是独立随机抽样，即独立性；

（2）各个水平的因变量服从正态分布，即正态性；

（3）各个水平下的总体具有相同的方差，即方差齐性。

4.2　单样本 t 检验在 SPSS 中的操作

4.2.1　实例分析与 SPSS 操作

某教师对词汇记忆法进行了多次实验，研究得出新词记忆标准正确率为75%。现选择一所普通中学初二某班的20个学生作为测试对象，经过为期一周的词汇教学，这些学生的新词记忆正确率如表4－2所示。试分析测试所得结果与标准正确率是否有显著差异。

表4－2　学生新词记忆正确率

学生编号	正确率（%）	学生编号	正确率（%）
1	98	11	78
2	95	12	80

（续上表）

学生编号	正确率（%）	学生编号	正确率（%）
3	92	13	76
4	78	14	87
5	89	15	90
6	92	16	77
7	96	17	75
8	81	18	87
9	92	19	76
10	81	20	88

我们要比较这20个学生新词记忆正确率的总体均数是否与标准正确率存在差异，可以考虑使用单样本 t 检验，对这两个总体均值是否存在差异进行假设检验，可提出如下假设：

H_0：新词记忆正确率所对应的总体均数与标准正确率间没有显著性差异。

H_1：新词记忆正确率所对应的总体均数与标准正确率间存在显著性差异。

具体操作步骤如下：

步骤1：输入数据。

（1）定义变量：如图4－1所示，新建一个SPSS文档，点击【Variable View】，将变量名【Name】设为“正确率”（Rate）、小数点【Decimals】设为“2”。

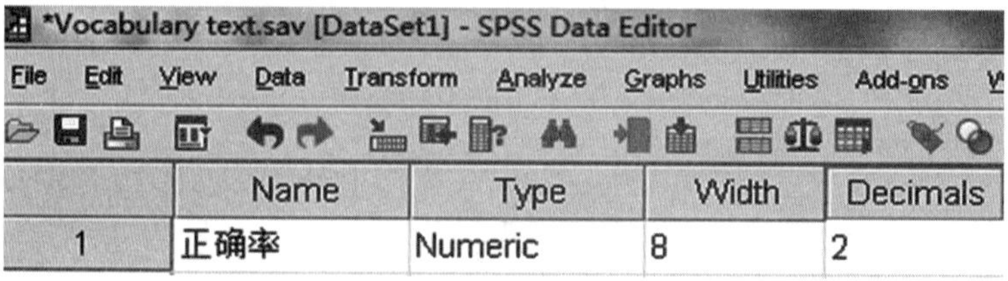

图4－1　定义变量

（2）输入数据：点击【Data View】，如图4－2，将“正确率”变量值录入相应的数据栏中。

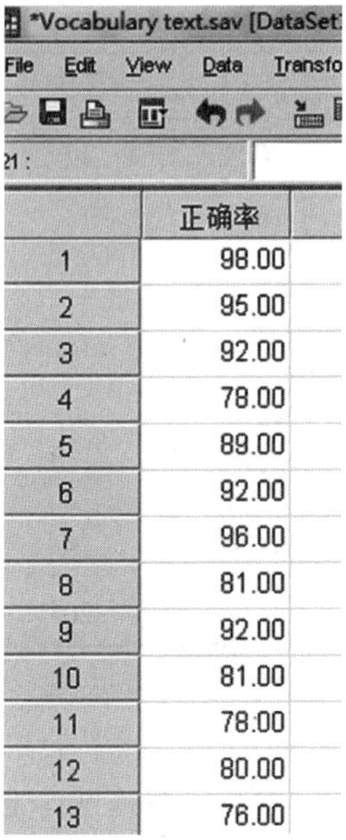

图 4－2　输入数据

步骤 2：进行主效应分析。

（1）找到单样本 t 检验：在菜单栏上单击【Analyze】，从下拉菜单中选取【Compare Means】，弹出级联菜单后再单击【One-Sample T Test...】。单个总体均数 t 检验【One-Sample T Test...】对话框弹出，如图 4－3 所示。

（2）选定变量：从左侧的变量列表中选择分析变量记忆正确率【正确率】，单击箭头按钮，将变量【正确率】选入到【Test Variables（s）】的变量列表中，然后在【Test Value】的文本框中输入需要比较的总体均数“75”，完成后按【OK】，如图 4－4 所示。

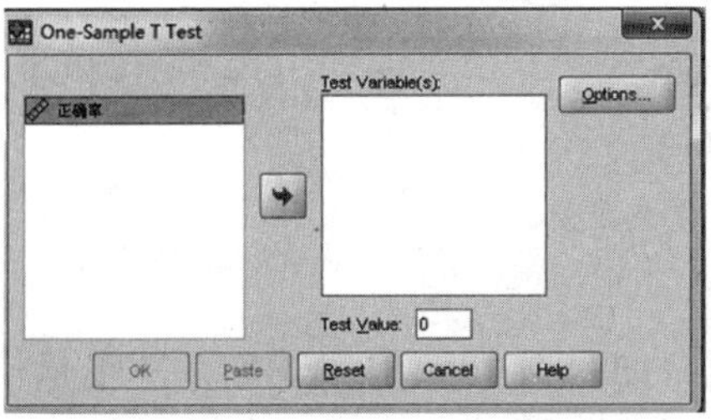

图 4－3　【One-Sample T Test】对话框

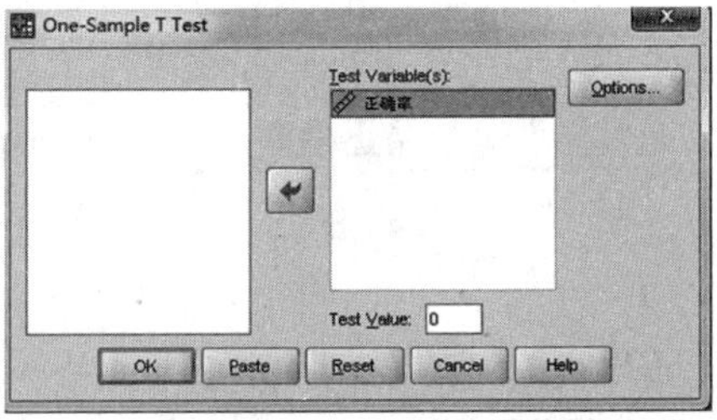

图 4－4　选定变量

4.2.2　结果与分析

（1）描述性统计结果。

SPSS 的结果报告中首先输出了描述性统计结果，如表 4－3 所示。20 个学生新词记忆正确的平均值为 85.40，标准差为 7.514，标准误为 1.680。

表 4－3　描述性统计结果（Descriptive Statistics）

	N	Mean	Std. Deviation	Std. Error Mean
Rate	20	85.40	7.514	1.680

（2）单样本 t 检验结果。

如表 4－4 所示，检验统计量 $t=6.190$，自由度 $df=19$，双侧检验显著性 Sig.（2－tailed）为 0.000，样本均数之差 Mean Difference 为 10.400，两总体均数差值的 95% 置信区间为（6.88，13.92）。

由于样本统计量 t 所对应的概率 P 值为 0.000，小于显著性水平 0.05，因此拒绝零假设，即认为新词记忆正确率所对应的总体均数与标准正确率间存在显著性差异。

表 4－4　单样本 t 检验结果（One-Sample T Test）

Test Value = 75						
	t	*df*	Sig.（2－tailed）	Mean Difference	95% Confidence Interval of the Difference	
					Lower	Upper
Rate	6.190	19	.000	10.400	6.88	13.92

4.3　独立样本 t 检验在 SPSS 中的操作

4.3.1　实例分析与 SPSS 操作

某课题组试图研究哪一本课外阅读教材能更好地提高英语专业学生的阅读水平。为此，他们做了一个为期一年的实验，把大学一年级某班的 20 个学生随机分为两组：A 组和 B 组，各十人，让他们分别使用两个不同出版社的课外阅读教材。经过一年的课外阅读实践后，对两组学生进行统一阅读测试，以此来检验使用了不同阅读材料后，他们在阅读成绩上是否有显著差异。学生测试成绩如表 4－5 所示。

表 4-5　两套教材对英语专业学生阅读成绩的影响

教材 A 组	98	95	92	78	89	92	96	81	92	81
教材 B 组	78	80	76	87	90	77	75	87	76	88

我们要比较两套不同阅读教材的使用对英语专业大学生阅读水平的影响，这时可以考虑使用独立样本 t 检验，对两个总体均值是否存在差异进行假设检验。

这里的 t 检验主要是检验在两套教材下，两组学生阅读成绩的总体均值是否存在差异，可提出以下假设：

H_0：教材 A 组与教材 B 组所得阅读成绩的总体均数没有显著性差异。

H_1：教材 A 组与教材 B 组所得阅读成绩的总体均数存在显著性差异。

由于这里只是检验教材是否对两组学生阅读成绩有显著影响，故可采用独立样本 t 检验，其具体操作步骤如下：

步骤 1：输入数据。

（1）定义变量：新建一个 SPSS 文档，点击【Variable View】，设定两个变量，一个取名为“score”，小数点【Decimals】为“2”；另一个为“group”，小数点【Decimals】为“0”。点击“group”这个变量的【Values】栏下相应的  框，打开【Value Labels】对话框，在【Value】后输入“1”，【Label】后输入“Textbook A”，代表学习教材 A 组，并点击【Add】；再在【Value】后输入“2”，【Label】后输入“Textbook B”，代表学习教材 B 组，再点击【Add】，结果如图 4-5 所示，最后按【OK】。

思考题 2：为什么将“score”的小数点【Decimals】设为“2”？

（2）输入数据：点击【Data View】，如图 4-6 所示的那样，将成绩和教材分组变量值录入相应的数据栏中。

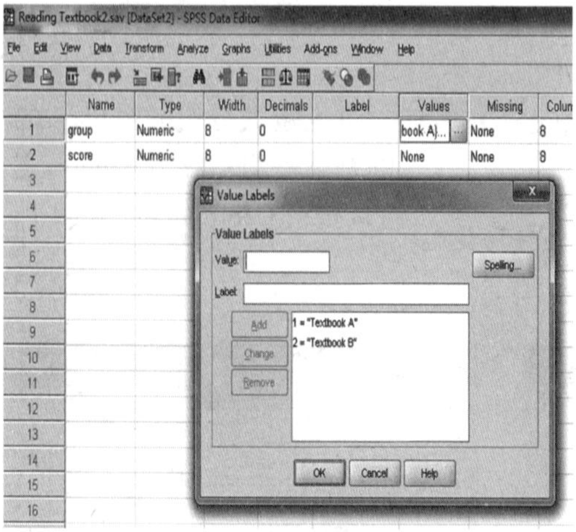

图 4－5　定义变量

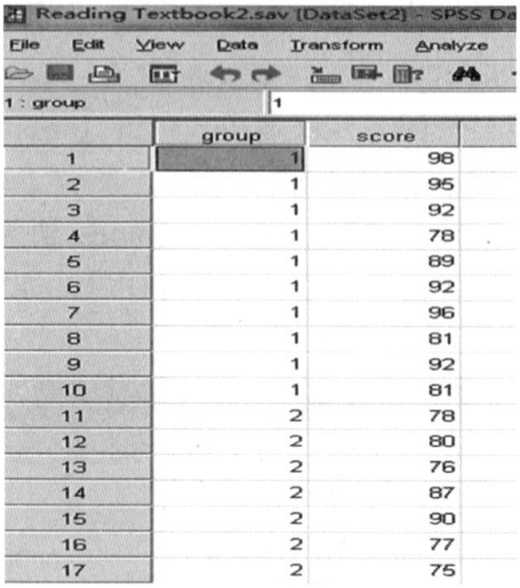

	group	score
1	1	98
2	1	95
3	1	92
4	1	78
5	1	89
6	1	92
7	1	96
8	1	81
9	1	92
10	1	81
11	2	78
12	2	80
13	2	76
14	2	87
15	2	90
16	2	77
17	2	75

图 4－6　输入数据

步骤 2：进行主效应分析。

（1）找到独立样本 t 检验：在菜单栏上单击【Analyze】，从下拉菜单中选取【Compare Means】，弹出级联菜单后再单击【Independent-Samples T Test...】。独立样本 t 检验【Independent-Samples T Test】对话框弹出，如图 4－7 所示。

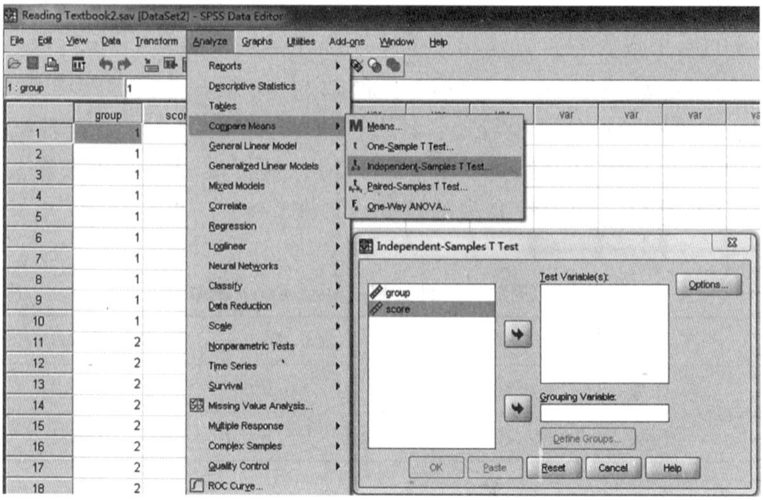

图 4－7　独立样本 t 检验

（2）设置变量：从左侧的变量列表中选择分析变量阅读成绩【score】，单击箭头按钮，将变量【score】选入到【Test Variable（s）】的变量列表中，然后将教材分组变量【group】选入到【Grouping Variable】中，如图4-8所示。

（3）定义分组：单击【Define Groups...】按钮，进入定义分组的窗口。在【group 1】后输入“1”，表示【group】值为“1”的是第一组；在【Group 2】后输入“2”，表示【group】值为“2”的是第二组，按【Continue】，返回上一级窗口，最后点击【OK】，如图4-9所示。

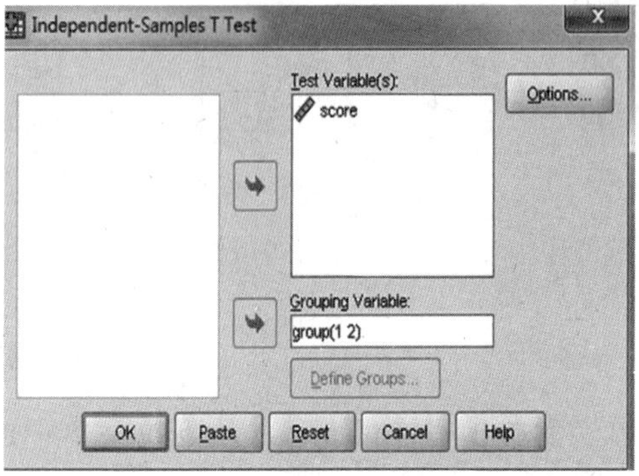

图4-8 【Independent-Samples T Test】对话框

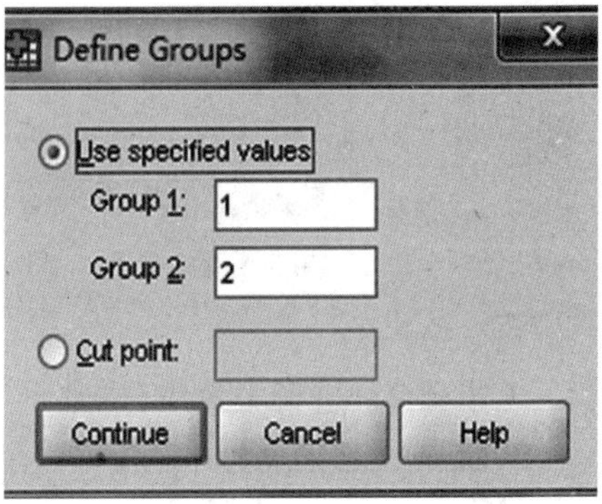

图4-9 【Define Groups】对话框

4.3.2 结果与分析

（1）描述性统计结果。

SPSS的结果报告中首先输出了描述性统计结果，如表4-6所示。教材A组的阅读平均成绩较高（89.40），而教材B组的阅读平均成绩较低（81.40），两组的平均值差距较大。其次，从标准差的大小来看，教材A组的较高（6.995），而教材B组的较低（5.892）；从标准误的大小来看，教材A组的较高（2.212），而教材B组的较低（1.863）。

表4-6 描述性统计结果（Descriptive Statistics）

	group	N	Mean	Std. Deviation	Std. Error Mean
score	Textbook A	10	89.40	6.995	2.212
	Textbook B	10	81.40	5.892	1.863

（2）方差齐性检验。

如表4-7所示，前两列是用Levene's检验对两组资料进行方差齐性检验的结果，可以看到 $F=0.119$，$P=0.734$。P 值（表中所示为“Sig.”，“Sig.”是Significance的缩写，即通常所说的 P 值）大于0.05，所以两组资料的方差齐性，满足 t 检验的前提条件。

（3）独立样本 t 检验结果。

如表 4－7 所示，后面 7 列是对两组资料均数比较 t 检验的结果，分为两行，上面一行是对应的方差齐性的结果，下面一行是对应的方差不齐性的结果。本例数据方差齐性，所以看上面一行的结果。由数据可见，检验统计量 $t=2.766$，自由度 $df=18$，双侧检验 Sig.（2－tailed）＝0.013；两组数据均数之差 Mean Difference＝8.000，其标准误 Std. Error Mean＝2.892；两总体均数差值的 95% 置信区间为（1.924，14.076）。

由于样本统计量 t 所对应的概率 P 值为 0.013，小于显著性水平 0.05，所以拒绝零假设，认为使用教材 A 和教材 B 的两组学生的阅读成绩有显著性差异。

表 4－7　独立样本 t 检验结果（Independent-Samples T Test）

		Levene's Test for Equality of Variances		T Test for Equality of Means						
		F	Sig.	*t*	*df*	Sig.（2-tailed）	Mean Difference	Std. Error Mean	95% Confidence Interval of the Difference	
									Lower	Upper
score	Equal variances assumed	.119	.734	2.766	18	.013	8.000	2.892	1.924	14.076
	Equal variances not assumed			2.766	17.494	.013	8.000	2.892	1.911	14.089

4.4　相关样本 t 检验在 SPSS 中的操作

4.4.1　实例分析与 SPSS 操作

某校英语系在大一新生入学时对随机抽取的十名学生进行听力测试，使用某听力教材一年后对同组学生又进行听力测试，两次成绩如表 4－8 所示。试比较教材使用前后两次听力测试成绩有没有显著差异。

表 4-8　学生前后两次测试的听力成绩

学生配对号	前测成绩	后测成绩
1	78	98
2	80	95
3	76	92
4	78	87
5	89	90
6	77	92
7	75	96
8	81	87
9	76	92
10	81	85

由于这是对同一组学生使用教材前后的成绩差异进行判断，故这两个样本是成对相关样本。要检验数据的平均数差异，可采用相关样本 t 检验，即进行假设检验，可以提出以下假设：

H_0：每对学生听力成绩的差值 d 所对应的总体均数来自均数为 0 的正态总体，即教材使用前后的听力成绩的总体均数没有显著性差异。

H_1：每对学生听力成绩的差值 d 所对应的总体均数来自均数不为 0 的正态总体，即教材使用前后的听力成绩的总体均数存在显著性差异。

具体操作步骤如下：

步骤 1：输入数据。

（1）定义变量：如图 4-10 所示，新建一个 SPSS 文档，点击【Variable View】，将变量名【Name】分别设为“使用前成绩”和“使用后成绩”，小数点【Decimals】可设为“0”。

（2）输入数据：点击【Data View】，如图 4-11 所示，将教材使用前后的成绩录入相应的数据栏中。

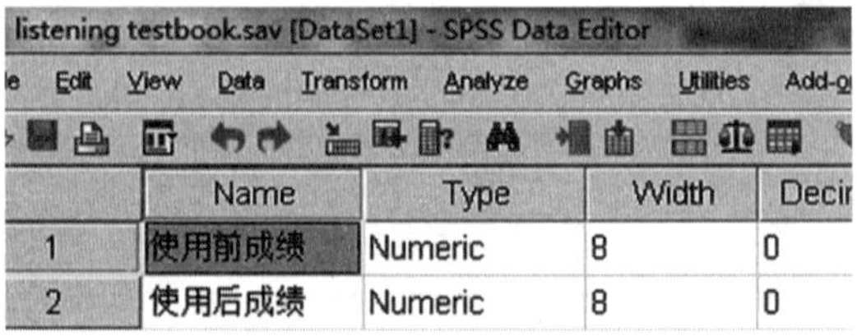

图 4－10　定义变量

图 4－11　输入数据

步骤 2：进行主效应分析。

（1）找到相关样本 t 检验：在菜单栏上单击【Analyze】，从下拉菜单中选取【Compare Means】，弹出级联菜单后再单击【Paired-Samples T Test】。成对样本 t 检验【Paired-Samples T Test】对话框弹出，如图 4－12 所示。

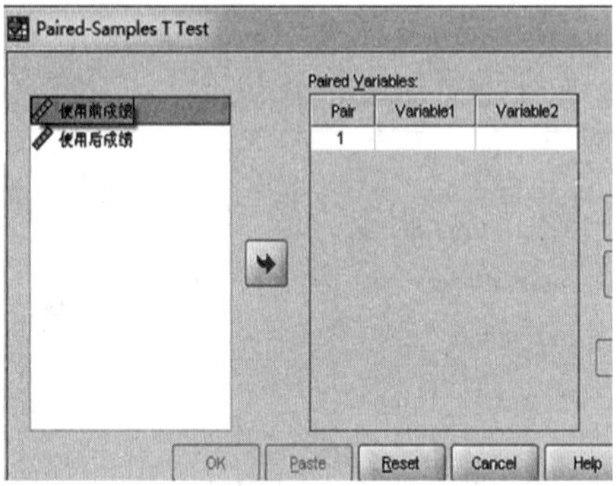

图 4－12　【Paired-Samples T Test】对话框

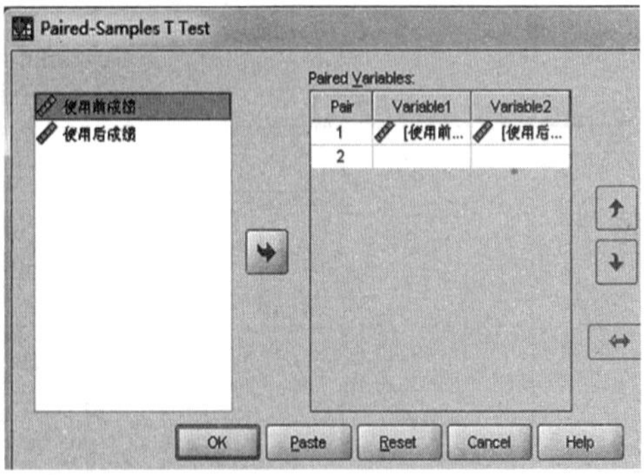

图 4－13　选定变量

（2）选定变量：从左侧的变量列表中选择分析变量“使用前成绩”和“使用后成绩”，单击箭头按钮，将变量“使用前成绩”和“使用后成绩”选入到【Paired Variables】的变量列表中，按【OK】确定，结果如图 4－13 所示。

4.4.2　结果与分析

（1）描述性统计结果。

SPSS 的结果报告中首先输出了描述性统计结果，如表 4－9 所示。从听力成绩的平均值来看，使用前成绩较低（79.10），而使用后成绩较高（91.40），两组的平均值差距较大。从标准差的大小来看，使用前差异稍低（4.067），而使用后成绩差异稍高一点儿（4.222）。从标准误的大小来看，使用前稍低（1.286），而使用后稍高（1.335）。

表 4-9　描述性统计结果（Descriptive Statistics）

		Mean	N	Std. Deviation	Std. Error Mean
Pair 1	使用前成绩	79.10	10	4.067	1.286
	使用后成绩	91.40	10	4.222	1.335

（2）成对样本 t 检验结果。

如表 4-10 所示，两组资料的差值均数 Mean 为 -12.300，标准差 Std. Deviation 和标准误 Std. Error Mean 分别为 6.865 和 2.171；两组资料所对应的两总体差值的均数的 95% 置信区间为（-17.211，-7.389）；配对 t 检验的统计量 $t=-5.666$，自由度 $df=9$，双侧检验 Sig.（2-tailed）=0.000。

由于样本统计量 t 所对应的概率 P 值为 0.000，小于显著性水平 0.05，所以拒绝零假设，即教材使用前与使用后学生的听力成绩有显著性差异。

表 4-10　相关样本 t 检验结果（Paired-Samples T Test）

		Paired Differences					t	df	Sig. (2-tailed)
		Mean	Std. Deviation	Std. Error Mean	95% Confidence Interval of the Difference				
					Lower	Upper			
Pair 1	使用前成绩 - 使用后成绩	-12.300	6.865	2.171	-17.211	-7.389	-5.666	9	.000

练习题

1. 某大学在研究哪一本写作教材能更好地提高英语专业学生的写作水平。最近他们做了一个学期的实验，在大学二年级某班学生中分别使用两种不同出版社的教材。经过一个学期的写作教学后，对两组各十个学生进行写作测试，以此来检验两组学生（分别使用了两种教材）在写作成绩上是否有显著差异。成绩如表 4-11 所示，试用独立样本 t 检验分析。

表 4－11　两种教材对英语专业大学生写作成绩的影响

教材 A 组	92	96	81	92	81	77	75	87	76	88
教材 B 组	78	80	76	87	90	80	86	91	92	81

2. 某教师对笔译课上学生提交的翻译作业进行了批改，并随机抽取了十个学生的作业进行了两次批改，成绩见表 4－12 所示。请比较两次批改分数间有没有显著差异。

表 4－12　一位教师对 10 份作业前后两次批改的成绩

作业编号	第 1 次	第 2 次
1	29	36
2	25	30
3	25	23
4	39	35
5	28	27
6	41	38
7	25	21
8	24	29
9	29	33
10	18	21

思考题参考答案

1. 独立样本 t 检验是指两个不同样本平均数的比较，而相关样本 t 检验通常是相关样本两组平均数的检验。

2. “score”表示的数据是连续型数值，所以小数点后最好保留 2 位。

练习题答案

1. 如表 4－13 所示，F 值所对应的 P 值大于 0.05（0.254），所以两组资料的方差齐性，看上面一行的结果。由于样本统计量 t 所对应的概率 P 值为 0.895，大于显著性水平 0.05，所以不拒绝零假设，即使用教材 A 和教材 B 的两组学生的写作成绩没有显著性差异。

表 4－13　独立样本 t 检验结果（Independent Samples T Test）

		Levene's Test for Equality of Variances		t-test for Equality of Means						
		F	Sig.	*t*	*df*	Sig. (2－tailed)	Mean Difference	Std. Error Mean	95% Confidence Interval of the Difference	
									Lower	Upper
score	Equal variances assumed	1.391	.254	.133	18	.895	.400	2.999	－5.900	6.700
	Equal variances not assumed			.133	16.929	.895	.400	2.999	－5.929	6.729

2. 两次批改成绩的描述性统计结果见表 4－14：

表 4－14　描述性统计结果（Descriptive Statistics）

		Mean	N	Std. Deviation	Std. Error Mean
Pair 1	第 1 次改	28.3000	10	6.94502	2.19621
	第 2 次改	29.3000	10	6.23699	1.97231

相关样本 t 检验结果见表 4－15。由于样本统计量 t 所对应的概率 P 值为 0.472，大于显著性水平 0.05，所以不拒绝零假设，即该教师的两次作业批改的分数没有显著性差异。

表 4－15　相关样本 t 检验结果（Paired-Samples T Test）

	Paired Differences					*t*	*df*	Sig. (2－tailed)
	Mean	Std. Deviation	Std. Error Mean	95% Confidence Interval of the Difference				
				Lower	Upper			
Pair 1	－1.00000	4.21637	1.33333	－4.01621	2.01621	－.750	9	.472

实验五
方差分析能力的训练

实验四我们比较了单个、两个总体的均值及其在SPSS中的实验操作，但在实际应用中常需要比较多个总体均值。例如，我们应如何比较三套不同听力教材对英语学习者的听力水平的影响。这个问题需要检验这三套教材对学习者在听力测试成绩上是否具有显著不同的影响，即在单一处理因素下，多个不同水平的数值比较。

方差分析是常用于解决这类问题的方法之一，它用于两个及两个以上样本均值差别的显著性检验。实验五将介绍方差分析的基本概念和基本原理，训练学生使用SPSS进行单因素方差分析和多因素方差分析的技能，并通过实例分析令学生掌握方差分析的操作能力。

5.1 方差分析概述

方差分析是用于两个及两个以上样本均值差别的显著性检验。由于各种因素的影响，研究所得数据往往会呈现波动特征。造成波动变异的原因可分成两类：一类是不可控的随机因素，即实验误差；另一类是研究中施加的对结果形成影响的可控因素，即实验处理带来的系统变异。方差分析的基本思想是通过分析研究中不同来源的变异对总变异的贡献大小，从而确定可控因素对研究结果影响力的大小。

例如，我们要比较三套不同听力教材的使用对四组非英语专业大学生听力水平的影响，如表5－1所示。这时可以考虑使用方差分析对多个总体均值是否相等进行假设检验。

表5－1　三种教材对非英语专业大学生听力成绩的影响

教材类型	文科专业		理科专业	
	一年级	二年级	一年级	二年级
教材A	78	86	70	81
教材B	69	77	75	87
教材C	79	89	84	90

5.1.1 方差分析的主要概念

（1）因素（Factor）：指所要研究的变量，它可能对因变量产生影响。例如，如果要分析不同听力教材对不同专业、不同年级学生的听力水平是否有影响，那么学生的听力成绩是因变量，而教材是可能影响听力成绩的自变量，文理专业以及年级（英语高低水平）也都可能是影响听力成绩的自变量。

（2）水平（Level）：指因素的具体表现。例如，若把教材的种类看作是教材因素的不同等级或者水平，那么教材质量可评定为优秀、良好、较差，难度可评定为高级、中级、初级；或者按来源将教材分为剑桥教材、朗文教材、外研社教材等。以测试对象为例，也可以分为几个水平，例如文科专业和理科专业学生；或按英语水平分为高水平、中水平和低水平学习者。

（3）处理（Treatment）：指因素水平之间的组合。例如，用两种教学方法分别对三套教材开展教学，就有六种不同的处理，即 $2\times3=6$。

（4）交互作用（Interaction）：如果一个因素的效应大小在另一个因素不同水平下有所不同，则称两个因素之间存在交互作用。例如，使用教材 A 的时候，文科学生的听力成绩显著高于理科学生的听力成绩；而使用教材 B 的时候，文科学生的听力成绩显著低于理科学生的听力成绩。这时候两个自变量（教材和文理科）之间存在交互作用。

5.1.2 使用条件

应用方差分析时，数据应当满足以下几个条件：

（1）在各个水平之下观察对象是独立随机抽样，即独立性；

（2）各个水平的因变量服从正态分布，即正态性；

（3）各个水平下的总体具有相同的方差，即方差齐性。

在上述条件中，方差分析对正态分布的要求不是非常严格，但对于方差齐性的要求是比较严格的，因此使用时有必要进行方差齐性检验，即 Homogeneity of variance test。SPSS 将自动计算 F 值，我们可依据 F 分布表给出的相应概率 P 值和显著性水平的大小来判断是否接受相关假设。

5.2 单因素方差分析在 SPSS 中的操作应用

5.2.1 实例分析与 SPSS 操作

某大学课题组在研究哪一本听力教材能更好地提高非英语专业学生的听力水平。为此，他们做了一个为期一年的实验，在大学一年级学生中分别使用三种不同出版社的教材。经过一年的听力教学，对三组学生进行听力测试，检验三组学生（使用了三种不同教材的组）在听力成绩上是否有显著差异。

从各组随机抽取七个学生的成绩如表 5－2 所示。

表 5－2　三组学生的听力成绩

Textbook A/Group1	Textbook B/Group 2	Textbook C/Group 3
98	78	83
95	80	78
82	76	74
78	84	65
89	81	89
92	78	77
96	75	65

这里的单因素方差分析主要研究在教材这一单一因素下，学生听力成绩的平均值是否相同，原假设和备择假设为：

H_0：三种不同教材对学生的听力成绩没有显著性影响。

H_1：三种不同教材对学生的听力成绩存在显著性影响。

由于这里只是检验教材是否对三组学生听力成绩有显著影响，故只进行简单的单因素方差分析即可，其具体操作步骤如下：

步骤 1：输入数据。

（1）定义变量：如图 5－1 所示，新建一个 SPSS 文档，点击【Variable View】，将变量名【Name】分别设为“Score”和“Textbook”，其中“Score”的小数点【Decimals】设为“2”。点击【Values】的  打开对话框，将“Textbook”的【Value】设为“1”，【Label】设为“Textbook A”，代表学习教材 A 组，再点击【Add】，以此类推完成三个水平的【Value Labels】的设置，完成后按【OK】。

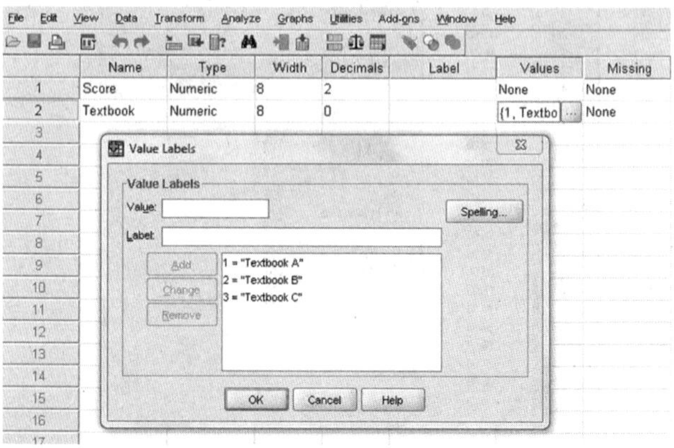

图 5－1　定义变量

（2）输入数据：点击【Data View】，如图 5－2 所示，将成绩和教材变量值录入相应的数据栏中。

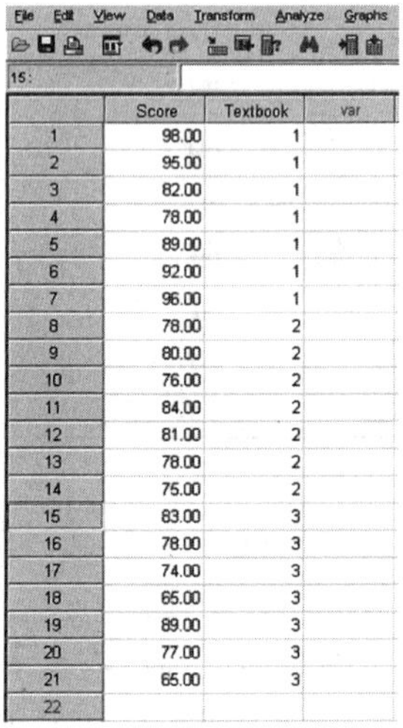

	Score	Textbook	var
1	98.00	1	
2	95.00	1	
3	82.00	1	
4	78.00	1	
5	89.00	1	
6	92.00	1	
7	96.00	1	
8	78.00	2	
9	80.00	2	
10	76.00	2	
11	84.00	2	
12	81.00	2	
13	78.00	2	
14	75.00	2	
15	83.00	3	
16	78.00	3	
17	74.00	3	
18	65.00	3	
19	89.00	3	
20	77.00	3	
21	65.00	3	
22			

图 5－2　数据输入

步骤 2：进行描述性统计。

（1）找到单因素方差分析：在菜单栏上单击【Analyze】，从下拉菜单中选取【Compare Means】，弹出级联菜单后再单击【One-Way ANOVA...】，如图 5－3 所示。单因素方差分析【One-Way ANOVA】对话框弹出，如图 5－4 所示。

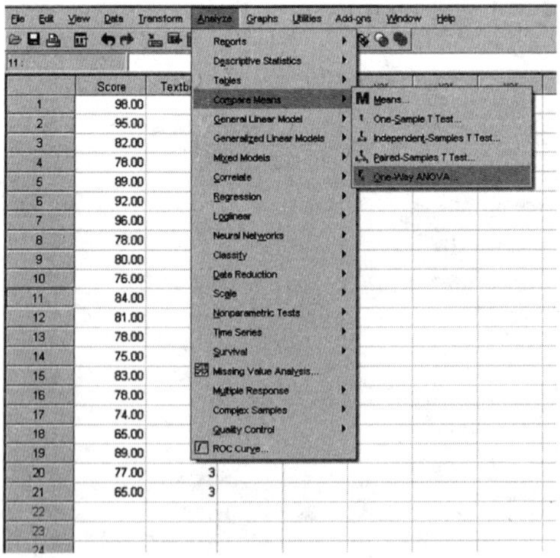

图 5－3　选择单因素方差分析

（2）设置变量：如图 5－4 所示，从左侧的变量列表中选择变量听力成绩【Score】，单击箭头按钮，将其放入【Dependent List】的变量列表中，然后将自变量教材组【Textbook】选入到【Factor】中。

（3）在图 5－4 所示的对话框中单击【Options...】，弹出【One-Way ANOVA：Options】对话框，如图 5－5 所示。在【Statistics】选项区中勾选【Descriptive】和【Means plot】复选框。单击【Continue】按钮返回图 5－4。

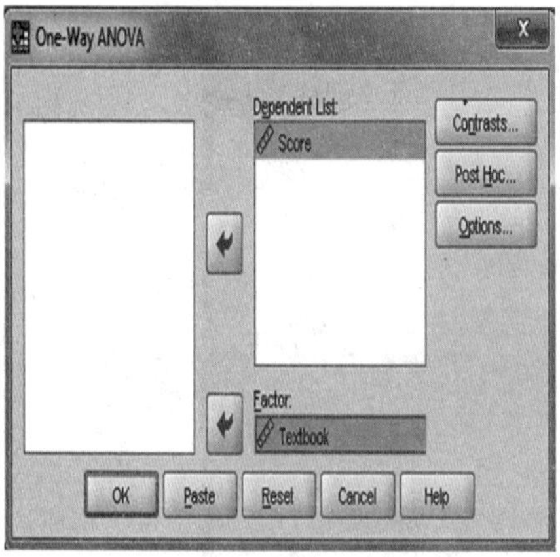

图 5－4　【One-Way ANOVA】对话框

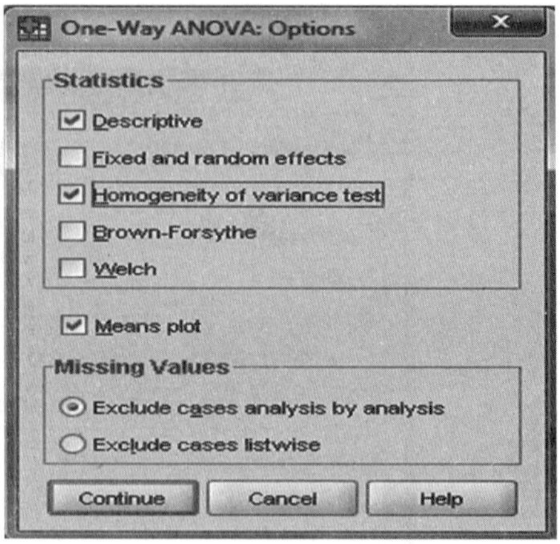

图 5－5　【One-Way ANOVA：Options】对话框

步骤 3：进行齐性检验。

在图 5－4 所示的对话框中单击【Options...】，弹出【One-Way ANOVA：Options】对话框，如图 5－5 所示。在【Statistics】选项区中勾选【Homogeneity of variance test】，单击【Continue】按钮返回图 5－4。

思考题 1：【Homogeneity of variance test】、【Descriptive】和【Means plot】的作用分别是什么？

步骤 4：进行主效应分析。

（1）找到单因素方差分析：在菜单栏上单击【Analyze】，从下拉菜单中选取【Compare Means】，再单击【One-Way ANOVA...】，弹出单因素方差分析【One-Way ANOVA】的对话框，如图 5－4 所示。

（2）设置变量：从左侧的变量列表中选择因变量听力成绩【Score】，单击箭头按钮，将其选入到【Dependent List】的变量列表中，然后将自变量教材组【Textbook】选入到【Factor】中，最后按【OK】确定。

步骤5：进行多重比较。

单击图5－4的【Post Hoc...】按钮，【One-Way ANOVA：Post Hoc Multiple Comparisons】对话框弹出，从中可选择一种或者几种比较分析的方法。勾选【LSD】和【S-N-K】复选框。假定方差不具有齐性，可选择【Tamhane's T2】比较分析方法。【Significance level】的默认值是0.05，也可以根据情况改为0.01。具体如图5－6所示。填选好后单击【Continue】按钮，返回【One-Way ANOVA】对话框，按【OK】完成操作。

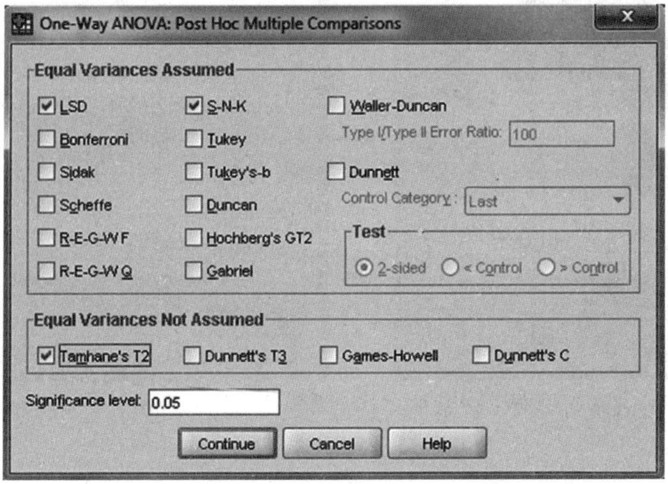

图5－6　多重比较对话框

思考题2：【Post Hoc...】的作用是什么？【LSD】和【S-N-K】有什么区别？【Significance level】值为0.05和0.01分别代表什么？

5.2.2　结果与分析

（1）描述性统计结果。

SPSS的结果报告中输出了描述性统计结果，如表5－3所示。首先，学习教材C组听力成绩最低（75.86），而学习教材A组听力成绩最高（90.00），和学习教材B组平均值差距很大，而教材B组和教材C组的平均值差距不大。其次，从标准差的大小来看，学习教材B组标准差最低（3.078），而学习教材C组标准差最高（8.840）；最后，表中还列出了各组听力成绩的最大值、最小值以及95%置信区间。

表 5－3 描述性统计结果（Descriptive Statistics）

	N	Mean	Std. Deviation	Std. Error Mean	95% Confidence Interval for Mean		Min.	Max.
					Lower Bound	Upper Bound		
Textbook A	7	90.00	7.506	2.837	83.06	96.94	78	98
Textbook B	7	78.86	3.078	1.164	76.01	81.70	75	84
Textbook C	7	75.86	8.840	3.341	67.68	84.03	65	89
Total	21	81.57	9.059	1.977	77.45	85.69	65	98

（2）方差齐性检验。

方差齐性检验结果如表 5－4 所示，可以看到 Levene 统计量等于 2.663，由于概率 P 值 0.097 大于显著性水平 0.05，故认为这三组听力成绩的方差是相同的，满足方差分析的前提条件。

表 5－4 方差齐性检验结果（Homogeneity of variance test）

Levene Statistic	*df*1	*df*2	Sig.
2.663	2	18	.097

（3）单因素方差分析结果。

单因素方差分析结果如表 5－5 所示，听力成绩总的离差平方总和为 1 641.14，教材的组间离差为 777.42，组内离差为 863.71，它们的方差比分别为 388.714 和 47.984，F 值为 8.101，概率 P 值为 0.003。这里显著性水平为 0.05，由于 P 值小于显著性水平 0.05，因此拒绝零假设，认为使用不同教材的三组学生的听力成绩有显著性差异。

表 5－5 单因素方差分析结果（One-Way ANOVA）

			Sum of Squares	*df*	Mean Square	*F*	Sig.
Between Groups	(Combined)		777.42	2	388.714	8.101	.003
	Linear Term	Contrast	700.07	1	700.071	14.590	.001
		Deviation	77.35	1	77.357	1.612	.220
Within Groups			863.71	18	47.984		
Total			1641.14	20			

（4）多重比较检验结果。

表5－6显示了两两教材之间的听力成绩均值比较的结果。由于这三组听力成绩的方差是相同的，所以我们可看 LSD 部分的 t 检验配对比较。表中的星号表示在显著性水平0.05的条件下，相应的两组均值存在显著性差异。表中第四列“Mean Difference”表示两两不同教材的听力成绩的均值差；第六列是进行 t 检验的概率 P 值，可以通过比较 P 值大小来判断两两教材之间的听力成绩是否有显著性差异。

表5－6　两两教材之间的听力成绩均值比较结果（Multiple Comparisons）

	(I) Group	(J) Group	Mean Difference (I－J)	Std. Error Mean	Sig.	95% Confidence Interval	
						Lower Bound	Upper Bound
LSD	Textbook A	Textbook B	11.143*	3.703	.008	3.36	18.92
		Textbook C	14.143*	3.703	.001	6.36	21.92
	Textbook B	Textbook A	－11.143*	3.703	.008	－18.92	－3.36
		Textbook C	3.000	3.703	.428	－4.78	10.78
	Textbook C	Textbook A	－14.143*	3.703	.001	－21.92	－6.36
		Textbook B	－3.000	3.703	.428	－10.78	4.78
Tamhane	Textbook A	Textbook B	11.143*	3.066	.020	1.92	20.37
		Textbook C	14.143*	4.383	.022	1.95	26.34
	Textbook B	Textbook A	－11.143*	3.066	.020	－20.37	－1.92
		Textbook C	3.000	3.538	.808	－7.84	13.84
	Textbook C	Textbook A	－14.143*	4.383	.022	－26.34	－1.95
		Textbook B	－3.000	3.538	.808	－13.84	7.84

*. The mean difference is significant at the 0.05 level.

从结果看来，教材A组和教材B组的听力成绩的概率 P 值（0.008）小于显著性水平，教材A组和教材C组的听力成绩的概率 P 值（0.001）也小于显著性水平，因此它们两两之间存在显著性差异；而教材B组和教材C组的听力成绩的概率 P 值（0.428）大于显著性水平，因而它们之间没有显著性差异。

思考题3：如何解释表5－6中 Tamhane 部分的 t 检验配对比较的结果？

此外，表5－7为S-N-K法多重比较的结果。从该结果也可以看出教材A组与教材 B、C 组的听力成绩之间存在显著差别，教材 B 组与 C 组的听力成绩无显著差别。

表 5－7　S-N-K 法多重比较

	Group	N	Subset for alpha = 0.05	
			1	2
Student-Newman-Keuls[a]	Textbook C	7	75.86	
	Textbook B	7	78.86	
	Textbook A	7		90.00
	Sig.		.428	1.000

Means for groups in homogeneous subsets are displayed.

a. Uses Harmonic Mean Sample Size = 7.000.

5.3　多因素方差分析在 SPSS 中的操作

多因素方差分析是对一个因变量是否受多个因素影响而进行的方差分析。它不仅能够分析多个因素对观测变量的独立影响，还能够分析多个因素的交互作用能否对观测变量产生显著影响。例如，某教师决定对三种不同的词汇教学法进行考查，看看哪种词汇教学法能帮助学生记忆词汇。但是这不能只考虑教学方法，还要考虑学生的水平或层次，此时词汇教学法与学生的水平就可能存在交互作用。

表 5－8　不同年级应用不同词汇教学法后的新词记忆正确率

年级 Grade	词汇教学法 Method	正确率 Rate	年级 Grade	词汇教学法 Method	正确率 Rate
初二	A	70	高二	A	97
初二	A	68	高二	A	88
初二	A	65	高二	A	86
初二	A	71	高二	A	90
初二	B	81	高二	B	60
初二	B	93	高二	B	56
初二	B	79	高二	B	68
初二	B	76	高二	B	61
初二	C	71	高二	C	74
初二	C	55	高二	C	69
初二	C	43	高二	C	78
初二	C	47	高二	C	75

5.3.1 实例分析与 SPSS 操作

某教师决定对词汇记忆进行实验，分别选择了一所普通中学的两个年级（初二和高二）的学生作为测试对象，应用三种不同的词汇教学法。经过为期一周的词汇教学，两个年级的新词记忆正确率如表 5－8 所示。试分析不同年级、不同词汇教学法对新词记忆正确率的影响是否有显著差异。

这里的变量为年级、词汇教学法和新词正确率，其中自变量是年级和词汇教学法，因变量为新词记忆正确率。其零假设为：应用三种不同词汇教学法的两个年级的新词正确率没有显著性差异；备择假设是：至少两种方法间存在显著差异。

具体 SPSS 操作步骤如下：

步骤 1：输入数据。

（1）定义变量：如图 5－7 所示，新建一个 SPSS 文档，点击【Variable View】，将变量名【Name】分别设为“Grade”“Method”和“Rate”，随后将小数点【Decimals】设为“2”，点击与【Grade】对应的【Values】对话框。【Value Labels】对话框弹出后，将【Value】分别设为“1”和“2”；【Label】分别设为“Junior 2”和“Senior 2”，代表初二和高二学生。分别点击【Add】按钮完成【Value Labels】的设置。【Method】的设置如图 5－8 所示。最后点击【OK】确定。

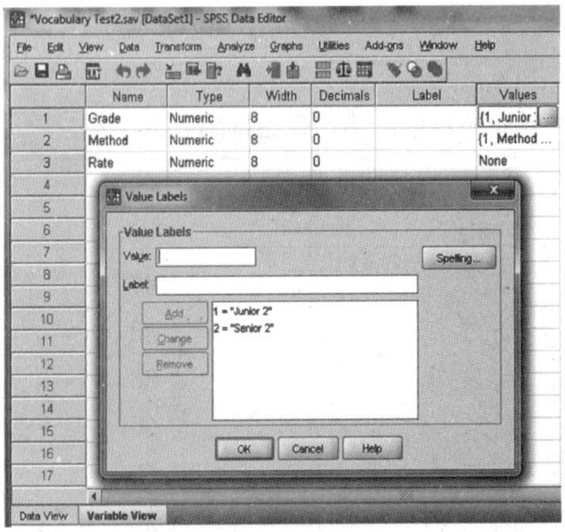

图 5－7 【Value Labels】年级变量的设置

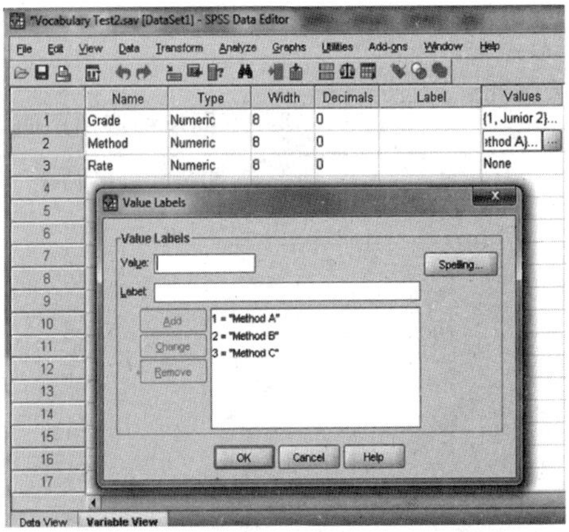

图 5－8 【Value Labels】方法变量的设置

（2）点击【Data View】，如图 5－9 所示，将年级变量值、方法变量值和正确率等数据录入到相应数据栏中。

步骤 2：进行描述分析和齐性检验。

（1）选定变量：在菜单栏上单击【Analyze】，从下拉菜单中单击【General Linear Model】，弹出级联菜单后单击【Univariate】，弹出【Univariate】对话框，如图 5－10 所示。选取“Rate”，单击箭头，把它选入到【Dependent Variable】的变量列表中；同样，选取“Method”和“Grade”，单击箭头，把它们选入到【Fixed Factor（s）】中。

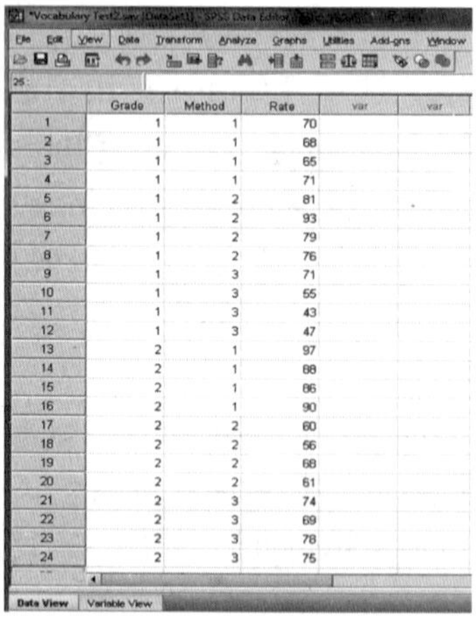

图 5－9 输入数据

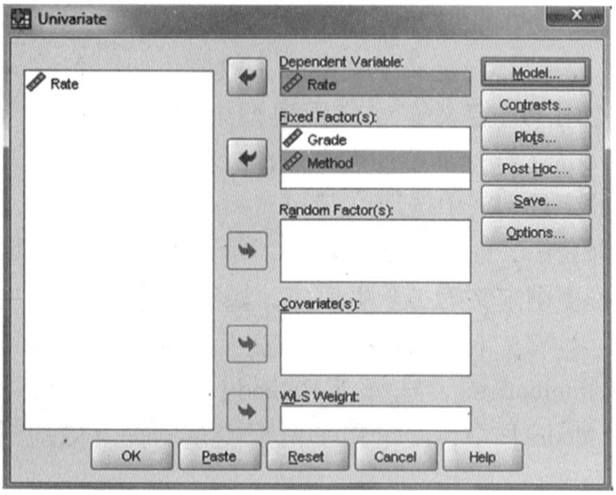

图 5－10 【Univariate】对话框

思考题 4：在什么条件下设置【Random Factor（s）】呢?

（2）单击【Univariate】对话框中的【Options...】按钮，进入【Univariate：Options】对话框，如图 5－11 所示。勾选【Descriptive statistics】和【Homogeneity tests】复选框后单击【Continue】按钮，返回主对话框。

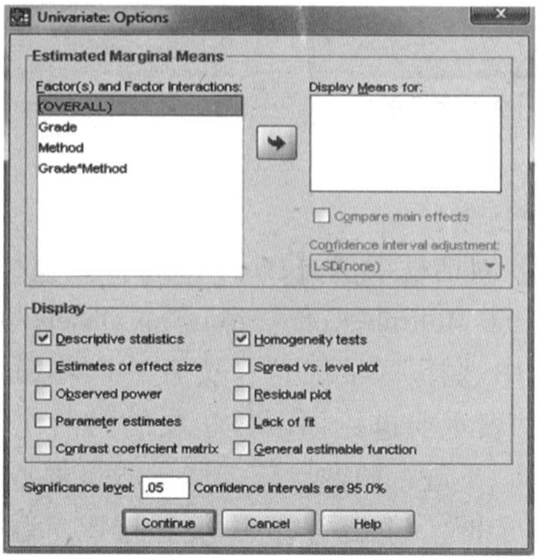

图 5－11 【Univariate：Options】对话框

步骤3：进行主效应和交互效应分析。

（1）全因素模型：单击【Univariate】对话框中的【Model...】选项，进入【Univariate：Model】对话框，如图5－12所示。其中【Specify Model】有两个选项，【Full factorial】是系统默认项，用于建立全因素模型，包括所有因素的主效应和所有的交互效应。单击该按钮后无须进行下一步操作，即可单击【Continue】按钮返回主对话框。

（2）自定义模型中的主效应：如图5－13所示，选项【Custom】用于建立用户自定义方差分析模型中的各个效应。点击【Custom】后，在【Build Term（s）】下拉列表中点击【Main effects】，从左侧的【Factors & Covariates】的变量列表中选取变量【Method】，单击箭头，把它选入到右侧的【Model】列表中，便在模型中定义了第一个主效应，即方法主效应；以同样的方法在模型中定义第二个主效应，如年级【Grade】主效应。

（3）自定义模型中的交互效应：在【Build Term（s）】下拉列表中点击【Interaction】，选择【Method】和【Grade】，单击箭头，把它选入到右侧的【Model】中，便定义了两个变量的交互效应【Grade * Method】，如图5－13所示。

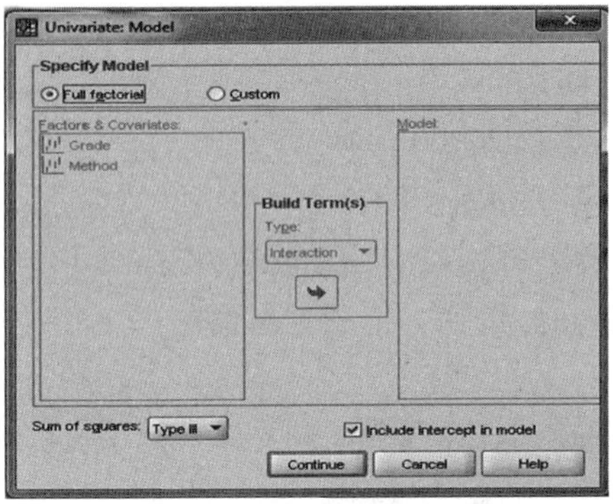

图5－12 【Univariate:Model】全因素模型对话框

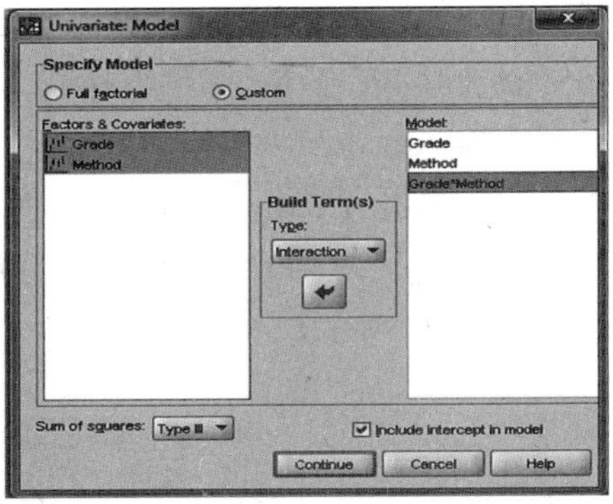

图5－13 【Univariate:Model】自定义模型对话框

步骤4：进行多重比较。

单击【Univariate】对话框中的【Post Hoc...】按钮，弹出如图5－14所示的【Univariate：Post Hoc Multiple Comparisons for Observed Means】对话框。从【Factor（s）】列表框中选择“Method”，放入【Post Hoc Tests for】列表框。勾选【LSD】复选框，表示要进行词汇教学法的两两比较。由于本例只有两个年级，因此“Grade”不进行两两比较。假设测量值方差具有齐性，因而单击【Tamhane's T2】复选框。单击【Continue】按钮，返回主对话框。

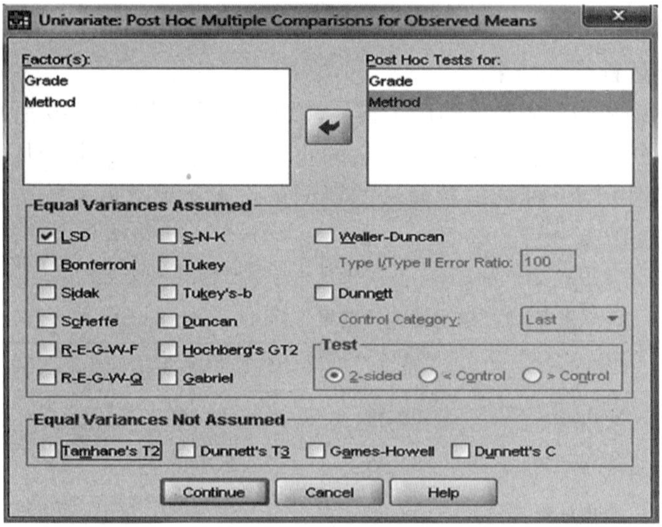

图 5－14　【Univariate：Post Hoc Multiple Comparisons for Observed Means】对话框

步骤 5：绘制双因素交互图表。

单击【Univariate】对话框中的【Plots...】按钮，进入【Univariate：Profile Plots】对话框，如图 5－15 所示。分别把“Grade”和“Method”放入【Horizontal Axis】和【Separate Lines】，先单击【Add】按钮，再单击【Continue】按钮，返回主对话框。最后单击【OK】按钮，完成所有操作。

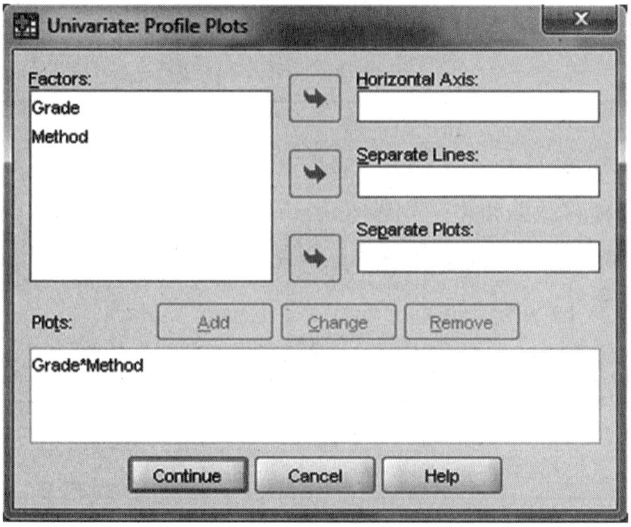

图 5－15　【Univariate：Profile Plots】对话框

5.3.2 结果与分析

（1）描述性统计结果。

SPSS 的结果报告中首先输出了描述性统计结果，如表 5－9 所示。表 5－9 中列出了两个年级、三种词汇教学法的正确率均值与标准差。从数值大小比较看，两个年级与三种词汇教学法的新词记忆正确率之间的差异较大，说明有进一步采用方差分析的必要。

表 5－9　描述性统计结果（Descriptive Statistics）

Grade	Method	Mean	Std. Deviation	N
Junior 2	Method A	68.50	2.646	4
	Method B	82.25	7.455	4
	Method C	54.00	12.383	4
	Total	68.25	14.284	12
Senior 2	Method A	90.25	4.787	4
	Method B	61.25	4.992	4
	Method C	74.00	3.742	4
	Total	75.17	13.058	12
Total	Method A	79.38	12.165	8
	Method B	71.75	12.669	8
	Method C	64.00	13.638	8
	Total	71.71	13.842	24

（2）方差齐性检验。

方差齐性检验结果如表 5－10 所示，可以看到 $F=1.843$。由于概率 P 值 0.155 大于显著性水平 0.05，故认为这三组听力成绩的方差是相同的，满足方差分析的前提条件。

表 5－10　方差齐性检验结果（Levene's Test of Equality of Error Variances[a]）

F	$df1$	$df2$	Sig.
1.843	5	18	.155

Tests the null hypothesis that the error variance of the dependent variable is equal across groups.

a. Design: Intercept + Grade + Method + Grade * Method

（3）双因素方差分析表。

表5－11所示是双因素方差分析结果，第一行 Corrected Model 是对所用方差分析模型的检验，其零假设为模型中所有的影响因素均无作用，即年级、词汇教学法以及两者的交互作用等对新词记忆正确率都无显著影响。该检验的 P 值远小于0.05，因此所用模型有统计学意义，可判断出以上所提到的因素中至少有一个是有显著差异的，但具体是哪些则需要分析后面的分析结果。

第二行 Intercept 是对模型中常数项是否等于0进行的检验，虽然根据概率 P 值判断它不等于零，但它在分析中没有实际意义，忽略即可。

第三行 Grade 和第四行 Method 分别是对年级、词汇教学法的影响效应进行的检验，其零假设是：年级和词汇教学法对新词记忆正确率均没有显著性差异。但这两行对应的相伴概率 P 值分别为0.023和0.001，显然小于显著性水平0.05。可见，两者对新词记忆正确率有显著性影响，推翻零假设。

第五行 Grade * Method 是对年级和词汇教学法的交叉作用进行检验，因 P 值为0.000，小于显著性水平0.05，表示交互作用对新词记忆正确率有显著性影响作用。

从方差分析结果可以看到，年级、词汇教学法以及两者的交互作用都直接影响了新词记忆正确率的高低，存在统计学意义上的显著差异。

表5－11　双因素方差分析结果（Tests of Between-Subjects Effects）

Source	Type Ⅲ Sum of Squares	*df*	Mean Square	*F*	Sig.
Corrected Model	3573.708[a]	5	714.742	15.440	.000
Intercept	123410.042	1	123410.042	2.666	.000
Grade	287.042	1	287.042	6.201	.023
Method	945.583	2	472.792	10.213	.001
Grade * Method	2341.083	2	1170.542	25.286	.000
Error	833.250	18	46.292		
Total	127817.000	24			
Corrected Total	4406.958	23			

a. R Squared =.811 (Adjusted R Squared =.758)

（4）多重比较检验结果。

表5－12显示了不同词汇教学法之间的新词记忆正确率均值比较结果，表中带星号的表示在显著性水平0.05的条件下，相应的两组均值存在显著性差异。可以通过比较表中概率 P 值的大小来判断三种词汇教学法之间的新词

正确率是否有显著差异。从结果来看，教学法 A 和教学法 B、C 的新词正确率存在显著差异，教学法 A 的正确率要明显高于教学法 B 和教学法 C 的正确率（P 值分别为 0.038 和 0.000），教学法 B 的正确率也显著高于教学法 C 的正确率（P 值为 0.035）。

表 5－12　多种比较检验结果（Multiple Comparisons）

	(I) Method	(J) Method	Mean Difference (I－J)	Std. Error Mean	Sig.	95% Confidence Interval	
						Lower Bound	Upper Bound
LSD	Method A	Method B	7.62 *	3.402	.038	.48	14.77
		Method C	15.38 *	3.402	.000	8.23	22.52
	Method B	Method A	－7.62 *	3.402	.038	－14.77	－.48
		Method C	7.75 *	3.402	.035	.60	14.90
	Method C	Method A	－15.38 *	3.402	.000	－22.52	－8.23
		Method B	－7.75 *	3.402	.035	－14.90	－.60
Tamhane	Method A	Method B	7.62	6.210	.561	－9.20	24.45
		Method C	15.38	6.461	.094	－2.16	32.91
	Method B	Method A	－7.62	6.210	.561	－24.45	9.20
		Method C	7.75	6.581	.593	－10.09	25.59
	Method C	Method A	－15.38	6.461	.094	－32.91	2.16
		Method B	－7.75	6.581	.593	－25.59	10.09

*. The mean difference is significant at the 0.05 level.

（5）双因素交互图。

如图 5－16 所示，年级与教学法存在交互作用。应用教学法 A 和 C 时，高二的新词记忆正确率显著高于初二的正确率；而应用教学法 B 时，初二的新词记忆正确率显著低于高二的正确率。这表明年级与教学法对学生新词记忆正确率具有交互效应。

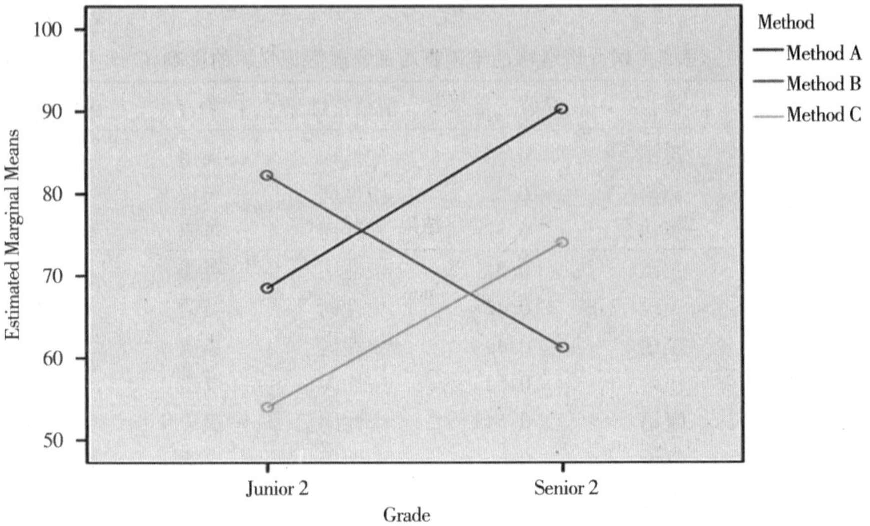

图 5－16　年级和教学法双因素交互图

练习题

1．某教育局调查了四个地区各十所学校，并报告了各个学校对听说自主学习模式的认可程度七级量表的得分。如表 5－13 所示，数值越大，表示认可度越高。请检验这四个地区之间的对听说自主学习模式认可度平均得分的差异性。

表 5－13　四个地区听说自主学习模式的认可度平均得分

地区 A	地区 B	地区 C	地区 D
4.3	6.2	4.5	4.2
5.2	5.4	6.2	3.8
3.7	6.1	5.3	3.6
4.7	5.2	5.4	4.0
4.8	5.7	4.8	3.2
5.2	6.8	3.9	2.8
3.8	5.1	5.1	3.6
4.1	4.8	4.8	3.7
4.5	6.2	4.6	3.2
4.4	5.6	5.8	4.1

2．某教师调查在英汉双语词表中负性情绪词、中性词和语言对学习者虚假记忆率的影响。如表 5－14 所示，数值越大，表示虚假记忆率越高。请分析情绪特性（负性情绪词、中性词）与语言（英汉诱词）对学生的虚假记忆率有无显著差异。

表 5-14　情绪特性与语言对词语虚假记忆率的影响

情绪特性	语言	虚假记忆率	情绪特性	语言	虚假记忆率
负性情绪词	英语	0.54	中性词	英语	0.32
负性情绪词	英语	0.52	中性词	英语	0.28
负性情绪词	英语	0.32	中性词	英语	0.36
负性情绪词	英语	0.31	中性词	英语	0.38
负性情绪词	英语	0.42	中性词	英语	0.25
负性情绪词	英语	0.43	中性词	英语	0.31
负性情绪词	汉语	0.62	中性词	汉语	0.21
负性情绪词	汉语	0.54	中性词	汉语	0.35
负性情绪词	汉语	0.66	中性词	汉语	0.29
负性情绪词	汉语	0.46	中性词	汉语	0.24
负性情绪词	汉语	0.58	中性词	汉语	0.32
负性情绪词	汉语	0.68	中性词	汉语	0.27

思考题参考答案

1.【Homogeneity of variance test】选项表示方差齐性检验，该方法也是统计推断的方法，其零假设是各个水平下总体方差没有显著差异；【Descriptive】选项表示输出变量在控制变量不同水平下的统计描述；【Means plot】表示绘制各个水平下变量均值的折线图。

2.【Post Hoc...】用于多重比较，即对多个均值是否有显著差异进行检验。【LSD】是 Least Significant Difference 的缩写，表示最小显著差异方法，两个数值表明两个均值差异的显著程度；【S-N-K】用 Student Range 分布进行所有各组均值之间的配对比较。【Significance level】值多为 0.05 或 0.01，分别表示各种检验的显著性水平。

3. 从 Tamhane 的 t 检验结果看来，教材 A 组和教材 B 组的听力成绩的概率 P 值（0.020）小于显著性水平（0.05），教材 A 组和教材 C 组的听力成绩的概率 P 值（0.022）也小于显著性水平（0.05），因此它们两两之间存在显著性差异；而教材 B 组和教材 C 组的听力成绩的概率 P 值（0.808）大于显著性水平（0.05），因而它们之间没有显著性差异。

4. 随机效应因素即不是抽样所引起的或者是未知因素影响的因素，属于非控制因素。例如考察教材对两个年级学生的词汇量的影响时，部分学生的词汇量比其他学生的词汇量要大很多，这些就属于随机效应因素，在统计的时候需要考虑进去。

练习题答案

1.

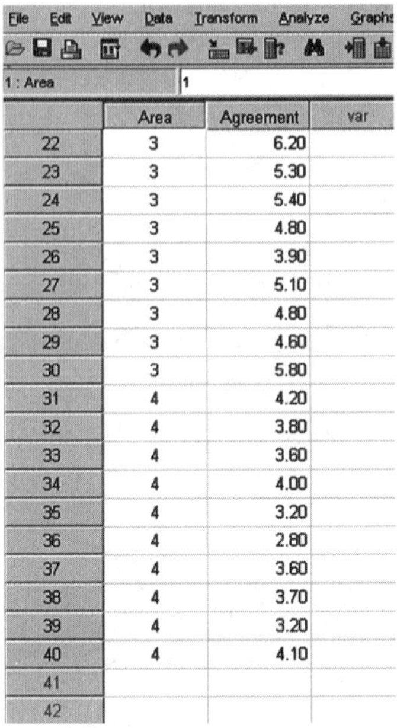

1 : Area 1

	Area	Agreement	var
22	3	6.20	
23	3	5.30	
24	3	5.40	
25	3	4.80	
26	3	3.90	
27	3	5.10	
28	3	4.80	
29	3	4.60	
30	3	5.80	
31	4	4.20	
32	4	3.80	
33	4	3.60	
34	4	4.00	
35	4	3.20	
36	4	2.80	
37	4	3.60	
38	4	3.70	
39	4	3.20	
40	4	4.10	
41			
42			

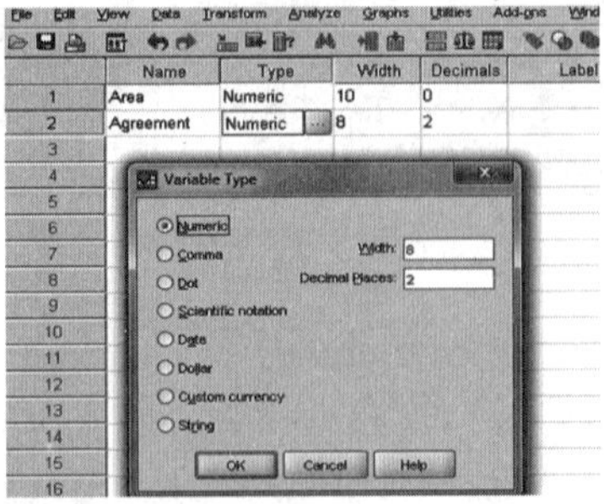

	Name	Type	Width	Decimals	Label
1	Area	Numeric	10	0	
2	Agreement	Numeric	8	2	

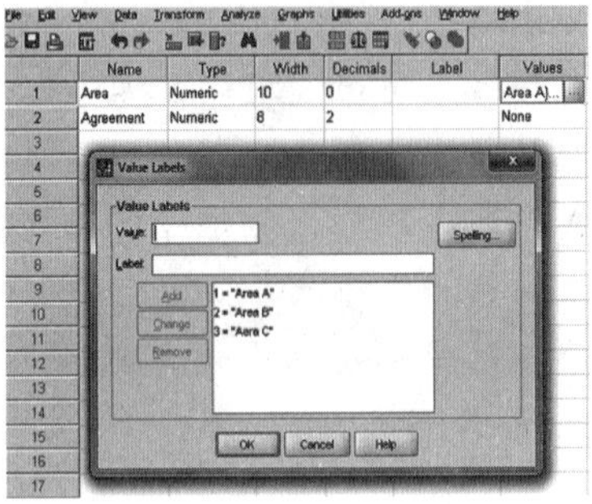

	Name	Type	Width	Decimals	Label	Values
1	Area	Numeric	10	0		{1, Area A}...
2	Agreement	Numeric	8	2		None

2.

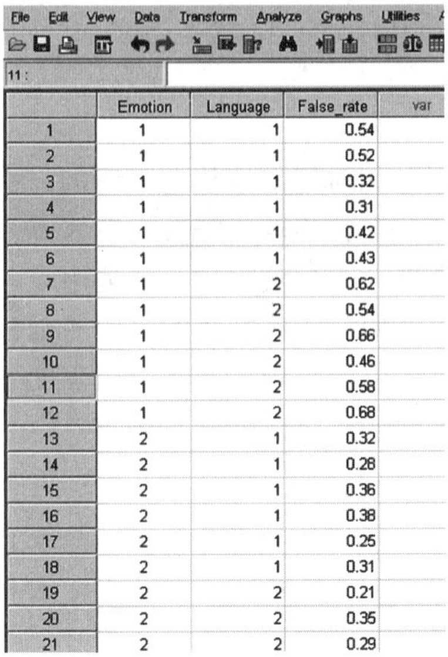

11 :

	Emotion	Language	False_rate	var
1	1	1	0.54	
2	1	1	0.52	
3	1	1	0.32	
4	1	1	0.31	
5	1	1	0.42	
6	1	1	0.43	
7	1	2	0.62	
8	1	2	0.54	
9	1	2	0.66	
10	1	2	0.46	
11	1	2	0.58	
12	1	2	0.68	
13	2	1	0.32	
14	2	1	0.28	
15	2	1	0.36	
16	2	1	0.38	
17	2	1	0.25	
18	2	1	0.31	
19	2	2	0.21	
20	2	2	0.35	
21	2	2	0.29	

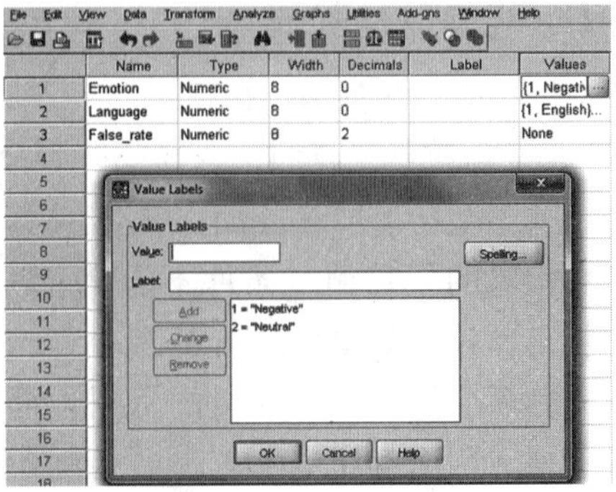

	Name	Type	Width	Decimals	Label	Values
1	Emotion	Numeric	8	0		{1, Negati...
2	Language	Numeric	8	0		{1, English}...
3	False_rate	Numeric	8	2		None

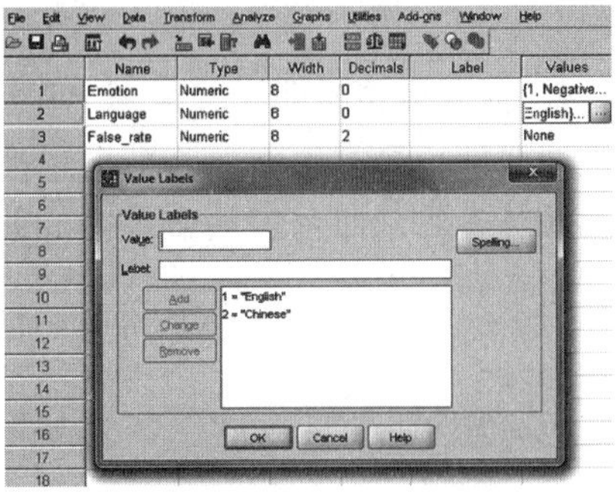

	Name	Type	Width	Decimals	Label	Values
1	Emotion	Numeric	8	0		{1, Negative...
2	Language	Numeric	8	0		English}...
3	False_rate	Numeric	8	2		None

实验六
非参数检验分析能力的训练

假设检验分参数检验和非参数检验。之前学习过的 t 检验等都是参数检验。参数检验是在总体分布形式已知的情况下，对总体分布的参数如均值、方差等进行推断的方法，它要求样本所属总体服从正态分布、两个总体方差齐性，适用于连续数据。但是，在实际语言研究中，常常会遇到总体不服从正态分布或分布形态不明确的情况，所获得的资料也不一定是等距变量或比率变量，这时可用非参数检验。

实验六将介绍非参数检验的基本概念、特征和适用条件，重点介绍两独立样本的非参数检验和两配对样本的非参数检验在 SPSS 中的应用，训练学生用 SPSS 进行基本的非参数检验的能力。

6.1 非参数检验概述

6.1.1 非参数检验的主要概念和特点

非参数检验（Nonparametric Tests）是相对于参数检验而言的，主要用于参数检验的“苛刻”条件不能满足时。非参数检验不需要对总体方差作齐性的假定，计算简单，适合处理小样本资料。非参数检验不仅适用于非正态总体的称名变量和顺序变量的资料，而且适用于正态总体的等距变量和比率变量资料，因而应用范围较参数检验广泛，但检验的灵敏度和精确度不如参数检验。

6.1.2 非参数检验的主要类型

非参数检验可根据样本数目以及样本之间的关系分为：单样本非参数检验、两独立样本非参数检验、两配对样本非参数检验、多独立样本非参数检验、多配对样本非参数检验。

思考题 1：非参数检验与参数检验有何不同？

6.2 非参数检验在 SPSS 中的操作运用

6.2.1 两独立样本的非参数检验—— 曼—惠特尼 *U* 检验（Mann – Whitney *U* 检验）

这是 Mann（曼）和 Whitney（惠特尼）两人提出的秩和检验方法，也称 U 检验，用于比较两个独立样本的差异，适用于 t 检验条件不能满足的情况，但能用于 t 检验的情况也可用于 U 检验，只要把等距数据转换为顺序数据就可以。但一般能用 t 检验的地方就尽量用 t 检验，因为它能更充分利用数据中的信息，更容易发现样本之间存在的差异。把等距数据转换为顺序数据后，部分信息会丧失，因而对差异的检验不很敏感。

例如，为了解两篇文章的难易度是否有差别，我们随机选取 20 个学生，分为两组，让两组学生分别阅读两篇文章并用 10 点量表对难度进行评定，1 表示“极易”，10 表示“极难”，评定结果见表 6 – 1。

表 6 – 1　两篇文章的难度值

文章 A	5	6	8	9	8	7	7	8	6	8
文章 B	8	8	7	8	9	8	8	9	9	8

具体 SPSS 操作步骤如下：

步骤 1：输入数据。

（1）定义变量：新建一个 SPSS 文档，点击【Variable View】，将变量名【Name】分别设为“article”和“difficulty”，小数点【Decimals】均设为“0”，变量类型【Type】则都设为“Numeric”，点击【Values】打开对话框，将“文章”的【Value】设为“1”，【Label】设为“文章 A”，代表文章 A 的难易度评定值，点击【Add】，以此类推完成文章 B 的【Value Labels】的设置，如图 6 – 1 所示，完成后按【OK】。

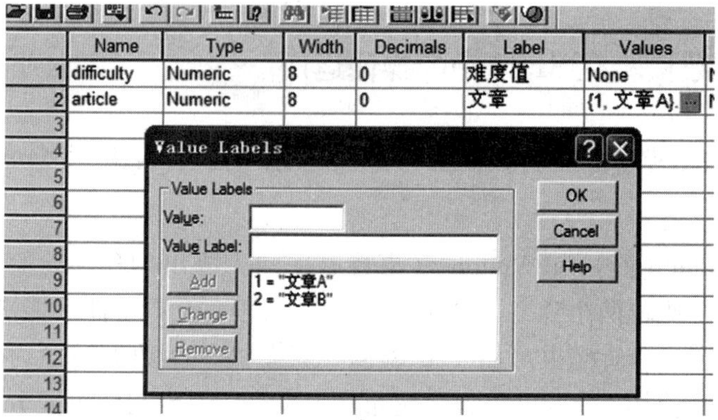

图 6－1　定义变量

（2）输入数据：如图 6－2 所示，直接录入两组学生对文章难度的评定值。

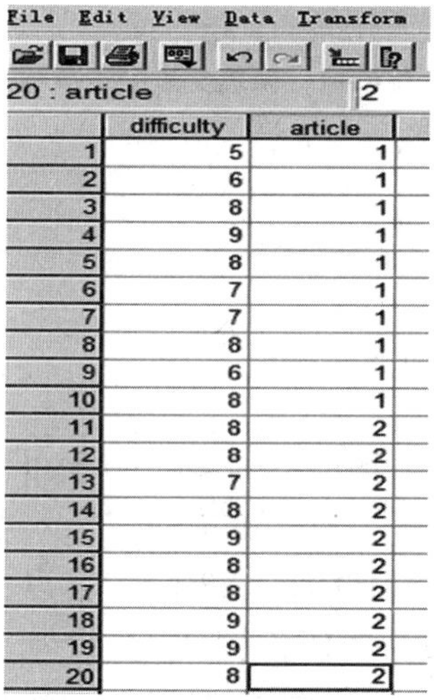

	difficulty	article
1	5	1
2	6	1
3	8	1
4	9	1
5	8	1
6	7	1
7	7	1
8	8	1
9	6	1
10	8	1
11	8	2
12	8	2
13	7	2
14	8	2
15	9	2
16	8	2
17	8	2
18	9	2
19	9	2
20	8	2

图 6－2　输入数据

步骤 2：进行非参数检验。

（1）在菜单栏上单击【Analyze】，先从下拉菜单中选取【Nonparametric Tests】，再单击【2 Independent Samples...】菜单项，打开【Two-Independent-Samples Tests】对话框，如图 6－3 所示。

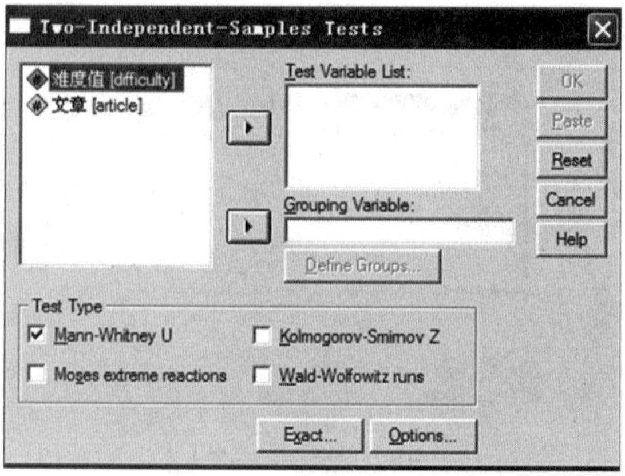

图 6－3　【Two-Independent-Samples Tests】对话框

（2）指定检验变量：从左侧的变量列表中选中待检变量难度值【difficulty】，单击向右箭头按钮，将其选入到【Test Variable List】框中，如图 6－4 所示。

（3）指定分组变量：从左侧的变量列表中选中分组变量文章【article】，单击向右箭头按钮，将其选入到【Grouping Variable】框中，如图 6－4 所示。随后单击【Define Groups...】按钮，打开【Two Independent Samples...】对话框。在【Two Independent Samples...】对话框的“Group 1”后输入“1”，“Group 2”后输入“2”，结果如图 6－5 所示。点击【Continue】，返回主对话框，如图 6－3 所示。

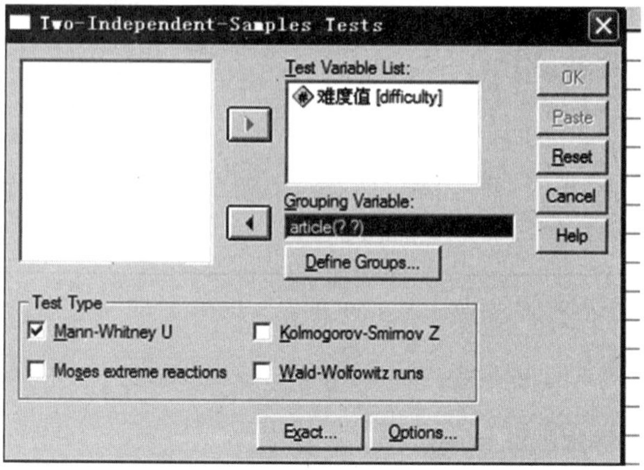

图 6－4　指定检验变量和分组变量

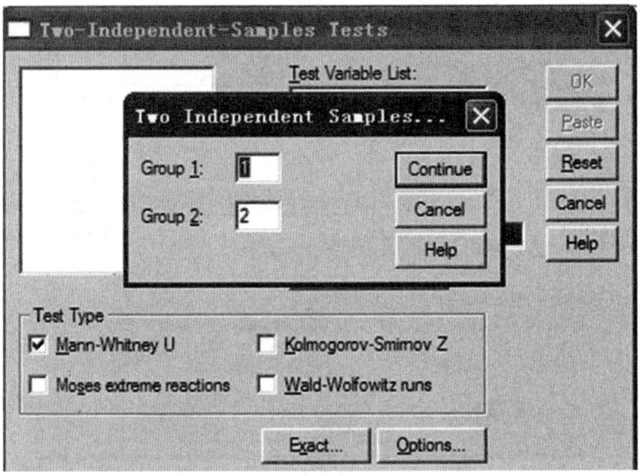

图 6－5　【Two Independent Samples...】对话框

（4）选择检验方法：如图 6－3 所示，在【Test Type】栏中选择【Mann-Whitney U】。

（5）完成后点击【OK】按钮。

步骤 3：分析非参数检验的结果。

（1）从表 6－2 可以看出，经 SPSS 计算所得，$Z = -1.992$，$P = 0.046$。

（2）因为 $P < 0.05$，所以在 0.05 的显著水平上拒绝零假设。因此本检验的结论为：两篇文章的难度存在显著差异。

表 6－2　统计结果（Test Statistics[b]）

	difficulty
Mann-Whitney U	25.500
Wilcoxon W	80.500
Z	－1.992
Asymp. Sig.（2－tailed）	.046
Exact Sig.［2＊（1－tailed Sig.）］	.063[a]

a. Not corrected for ties.

b. Grouping Variable：文章

6.2.2　两个相关样本的非参数检验

上例介绍的曼—惠特尼 U 检验是对应于参数检验里的独立样本 t 检验的一种非参数检验。而对应于参数检验里的相关样本的 t 检验，非参数检验里有两种：一种是符号检验，另一种是威尔柯克斯符号秩和检验。符号检验是对两个相关样本的每对数据之差的符号（正号或负号）进行的检验，适用于顺序数据，如用量表对句子难度、熟悉度、可接受度等所打的分。但是，符号检验只考虑了差数的符号，没有考虑差数的大小，这会导致数据信息的丢失、灵敏度的降低。而威尔柯克斯符号秩和检验既考虑了差数的符号，又考虑了差数的大小，弥补了符号检验的不足，适用于等距数据。

思考题2：威尔柯克斯符号秩和检验有什么优点？

实例分析1：符号检验（Sign Test）

为了解学生对两篇文章的熟悉度，我们请了10个学生用7点量表（1表示“非常不熟悉”，7表示“非常熟悉”）给两篇文章的熟悉度进行评定，结果见表6－3。试对两篇文章的熟悉度评定结果是否有差异进行分析。

表6－3　两篇文章的熟悉度评定值

文章A	5	6	6	7	5	7	7	6	6	7
文章B	4	5	6	5	3	4	5	5	4	4

步骤1：输入数据。

（1）定义变量：如图6－6所示，新建一个SPSS文档，点击【Variable View】，将变量名【Name】分别设为“articleA”和“articleB”，变量类型【Type】都设为“Numeric”，完成后按【OK】。

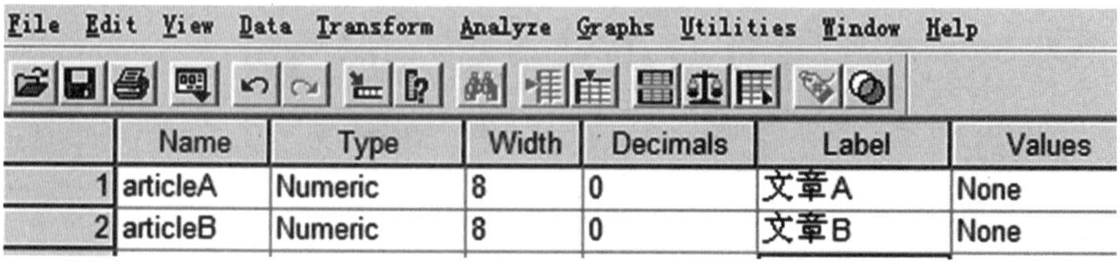

图6－6　定义变量

（2）输入数据：如图6－7所示，直接录入学生对两篇文章的熟悉度值。

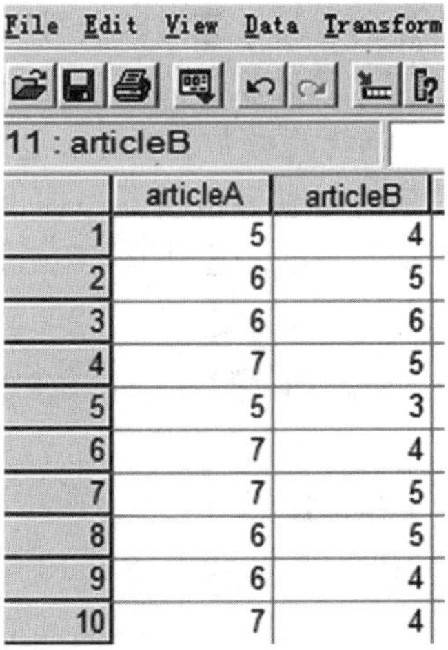

图 6－7　输入数据

步骤 2：进行非参数检验。

（1）在菜单栏上单击【Analyze】，从下拉菜单中选取【Nonparametric Tests】，再单击【2 Related Samples...】菜单项，打开【Two-Related-Samples Tests】对话框，如图 6－8 所示。

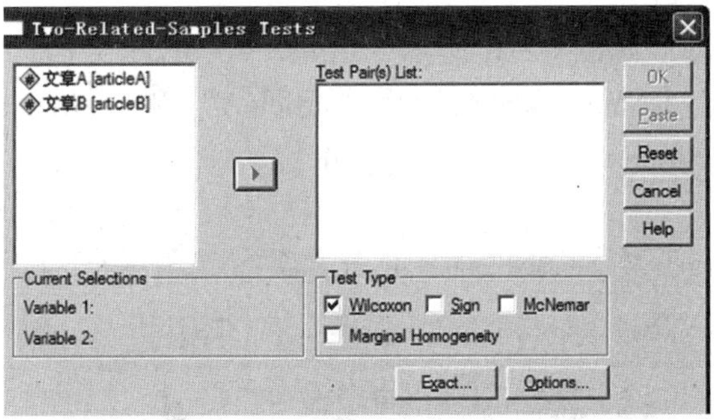

图 6－8　【Two-Related-Samples Tests】对话框

（2）指定检验变量：从左侧的变量列表中选中“文章 A”和“文章 B”，单击箭头按钮，将其放入到【Test Pair（s）List】框中。在【Test Type】中勾选【Sign】，如图 6－9 所示。随后点击【OK】确定。

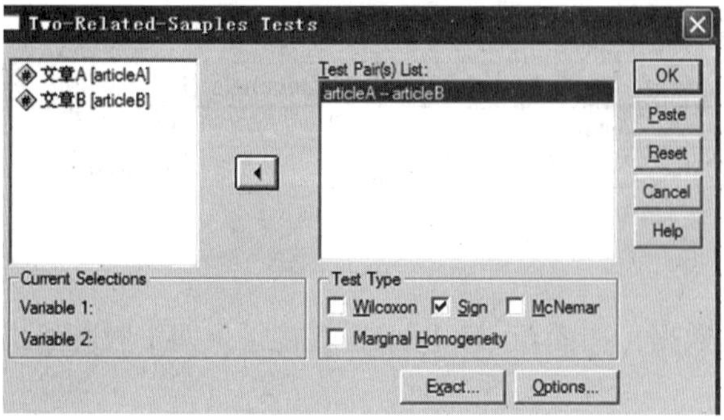

图 6－9　指定检验变量

步骤 3：分析非参数检验的结果。

（1）从表 6－4 中可以看出，经 SPSS 计算所得，$P=0.004$。

（2）因为 $P<0.01$，所以在 0.01 的显著水平上拒绝零假设。因此，本检验的结论为：学生对两篇文章的熟悉度有着显著差异。

表 6－4　统计结果（Test Statistics[b]）

	article B – article A
Exact Sig. （2－tailed）	.004[a]

a. Binomial distribution used.

b. Sign Test

实例分析 2：威尔柯克斯符号秩和检验（Wilcoxon Signed Ranks Test）

两位老师分别对 10 篇作文进行打分（满分为 30 分），结果见表 6－5。若要了解两位教师所给分数有没有显著差异，可进行威尔柯克斯符号秩和检验。

表 6－5　两个教师给 10 篇作文的成绩

教师 A	19	27	24	20	26	17	19	22	15	21
教师 B	20	25	26	20	28	19	18	20	14	22

步骤 1：输入数据。

（1）定义变量：如图 6－10 所示，新建一个 SPSS 文档，点击【Variable View】，将变量名【Name】分别设为“TeacherA”和“TeacherB”，变量类型【Type】均设为“Numeric”，完成后按【OK】。

	Name	Type	Width	Decimals	Label	Values
1	TeacherA	Numeric	8	2	教师A评分	None
2	TeacherB	Numeric	8	2	教师B评分	None

图 6 – 10　定义变量

（2）输入数据：如图 6 – 11 所示，直接录入两个教师给出的成绩。

File Edit View Data Transform

10 :

	TeacherA	TeacherB
1	19.00	20.00
2	27.00	25.00
3	24.00	26.00
4	20.00	20.00
5	26.00	28.00
6	17.00	19.00
7	19.00	18.00
8	22.00	20.00
9	15.00	14.00
10	21.00	22.00

图 6 – 11　输入数据

步骤 2：进行非参数检验。

（1）在菜单栏上单击【Analyze】，从下拉菜单中选取【Nonparametric Tests】，再单击【2 Related Samples...】菜单项，打开【Two-Related-Samples Tests】对话框，如图 6 – 12 所示。

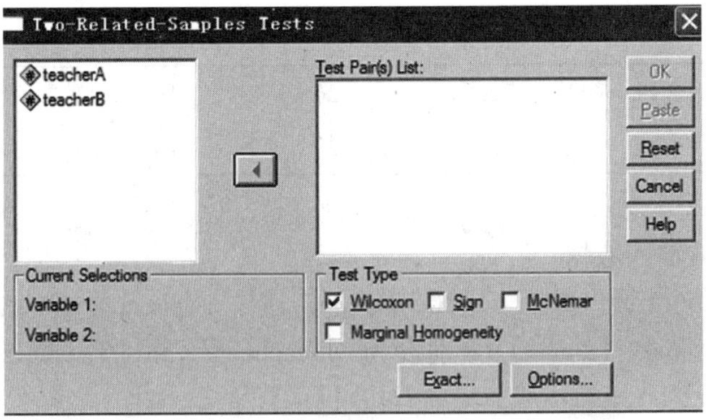

图 6 – 12　【Two-Related-Samples Tests】对话框

（2）指定检验变量：从左侧的变量列表中选定分析变量【teacherA】和【teacherB】后，单击箭头按钮，将两者选入到【Test Pair（s）List】框中，如图6－13 所示。

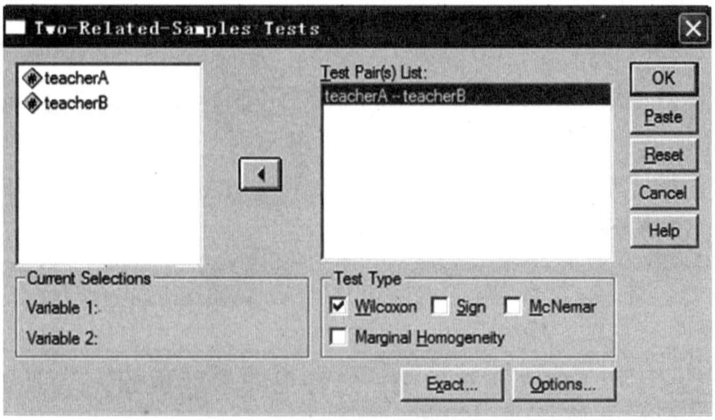

图 6－13　指定检验变量和方式

（3）指定检验方式：在【Test Type】中选择【Wilcoxon】，如图 6－13 所示。随后，点击【OK】按钮，执行 SPSS 命令。

步骤 3：分析非参数检验结果。

（1）从表 6－6 中可以看出，经 SPSS 计算所得，$P = 0.809$。

（2）因为 $P > 0.05$，所以零假设成立。因此，本检验的结论为：两个教师对 10 篇作文的打分没有显著差异。

表 6－6　检验结果（Test Statistics[b]）

	teacherB－teacherA
Z	－.241[a]
Asymp. Sig.（2－tailed）	.809

a. Based on negative ranks.

b. Wilcoxon Signed Ranks Test

练习题

某课题组为了控制两组实验材料的句子难度，找了 20 个学生，随机分成两组（各 10 人），让他们用 7 点量表对两组句子分别进行评定，1 表示“非常难”，7 表示“完全不难”，结果见表 6－7。试分析两组句子的难度是否有显著不同。

表 6 – 7　两组句子的难度评定值

句子 A 组	3	5	4	3	5	3	6	5	5	7
句子 B 组	3	4	5	2	6	4	4	4	5	6

思考题参考答案

1. 非参数检验和参数检验适用的对象不同，要求的条件不同，特别是对总体的分布形态、总体的方差等方面的要求不同。

2. 威尔柯克斯符号秩和检验既考虑了差数的符号，又考虑了差数的大小，弥补了符号检验的不足。

练习题答案

该题应运用两个独立样本的曼—惠特尼非参数检验，结果如表 6 – 8 所示。从该表可见，因相伴概率为0. 669，大于0. 05，故零假设成立，两组句子的难度没有显著差别。

表 6 – 8　统计结果（Test Statistics[b]）

	difficulty
Mann-Whitney U	44. 500
Wilcoxon W	99. 500
Z	–. 427
Asymp. Sig. （2 – tailed）	. 669
Exact Sig. ［2 ∗ （1 – tailed Sig. ）］	. 684[a]

a. Not corrected for ties.

b. Grouping Variable：组别

实验七
卡方检验分析能力的训练

实验六讨论了如何利用非参数检验在总体分布未明确的情况下，考查两个样本的差异情况。在语言教育实证研究中，需要检验两个不同样本在一些行为特征或者某些看法是否存在差异，例如，如何检验学生专业与学生对某个教学问题的看法是否相关，不同听力培训方法与培训后的成绩提高是否相关等。这类数据属于点计而来的间断变量，不能比较大小。为了解决此类问题，我们可以采用卡方检验进行分析。

实验七将介绍非参数检验中比较常用的一个检验方法：卡方检验（Chi-Square Test），讲述其基本概念和基本原理以及一般卡方检验和分层卡方检验在 SPSS 中的应用，训练学生用 SPSS 进行卡方检验的能力。

7.1　卡方检验概述

卡方检验（Chi-Square Test），是 K. Pearson 给出的最常用的非参数检验方法之一，一种用途很广的计数资料的假设检验方法，属于非参数检验的范畴，其根本思想在于比较理论频数和实际频数的吻合程度或拟合优度问题。

与参数检验相比，卡方检验对数据的要求不高，精确度较低，然而它的局限性也是它的优势所在。卡方检验可接受的数据范围较广，因此能够应用在更广阔的研究环境中。

7.1.1　卡方检验的基本思路

卡方检验又分单样本卡方检验以及两个或多个样本的卡方检验。单样本卡方检验只涉及一个变量，但数据要分成不同的类别，旨在检验不同类别的实际频数与期望频数是否吻合，故又称适合度检验。实际频数是指在实验或调查中得到的计数数据，又称观察频数；期望频数或理论频数是根据某种概率原理或理论分布频数计算出来的。实际频数与期望频数差异越小，越不容易达到显著性水平，就越吻合。

要对两个或两个以上变量的计数资料进行分析，考查不同类变量之间是相互独立还是互有联系时，这类分析又叫独立性检验。如在一个英语学习者写作调查中（见表 7－1），我们要比较两组写作文体的各个段落中是否有主题句，检验文体类型与主题句的关联情况，这时就要用到卡方的独立性检验。

表7－1中的52、19、39、3是表中的基本数据，因此，此表资料又被称为四格表资料。卡方检验的统计量是卡方值，它是每个格子实际频数 O 和理论频数 E 差值平方与理论频数之比的累计和，可用公式表示为：

$$\chi^2 = \sum \frac{(O - E)^2}{E}$$

表中每个格子的理论频数 E 是在假定两组的主题句使用率相等（均等于两组合计的使用率）的情况下计算出来的，即行总计乘以列总计再除以样本容量，如第一行第一列的理论频数为 $71 \times 91/113 \approx 57.18$。卡方值越大，说明实际频数与理论频数的差别越明显，两组主题句使用率不同的可能性越大，即文体类型与主题句使用的关联性越大。

表7－1　主题句在不同文体中的使用次数

	有主题句	无主题句	合计	主题句使用率
说明文	52	19	71	73.24
议论文	39	3	42	92.86
合计	91	22	113	80.53

7.1.2　卡方检验的使用条件

正如前面提到的，卡方检验是一种非参数检验。尽管它所依赖的假设是变量总体正态分布，但它不需要样本数据严格按正态分布。虽然卡方检验的条件宽松，但也有很多需要注意的条件：

（1）样本必须是随机抽取的。

（2）数据必须以原始次数报告，不能是百分比。

（3）测量变量必须是独立的。

（4）自变量和因变量的值或分类必须是相互独立的。

（5）观察次数不能太小。

此外，不同的检验方法，具体的使用条件也不同。例如：四格表资料的卡方检验用于进行两个变量构成比的比较，要求样本含量应大于40且每个格子中的理论频数不应小于5。当样本含量大于40但理论频数有小于5的情况时，卡方数值需要校正；当样本含量小于40时，则只能用确切概率法计算概率。

行列表资料卡方检验要求每个格子中的理论频数 T 均大于5或 $1 < T < 5$ 的格子数不超过总格子数的1/5。当 $T < 1$ 或 $1 < T < 5$ 的格子较多时，可采用

并行并列、删行删列、增大样本含量的办法使其符合行列表资料卡方检验的应用条件。

7.2　卡方检验在 SPSS 中的操作应用

7.2.1　实例分析 1：单因素卡方检验

如表 7－2 所示，我们想了解 150 名初中生对某学习策略的使用情况（经常、偶尔、极少和从不）。为考查学生某种策略使用频率是否存在显著差异，可以通过单因素卡方检验来验证。

表 7－2　初中生对某学习策略的使用情况

（单位：人次）

	策略使用 Use of Strategies			
	经常 Often	偶尔 Sometimes	极少 Seldom	从不 Never
初中生	48	62	32	8

步骤 1：输入数据。

（1）定义变量：如图 7－1 所示，新建一个 SPSS 文档，点击【Variable View】，将变量名【Name】设为“Frequency”，变量类型【Type】设为“String”；再设一个变量名【Name】为“Count”，其类型【Type】设为“Numeric”，完成后按【OK】。

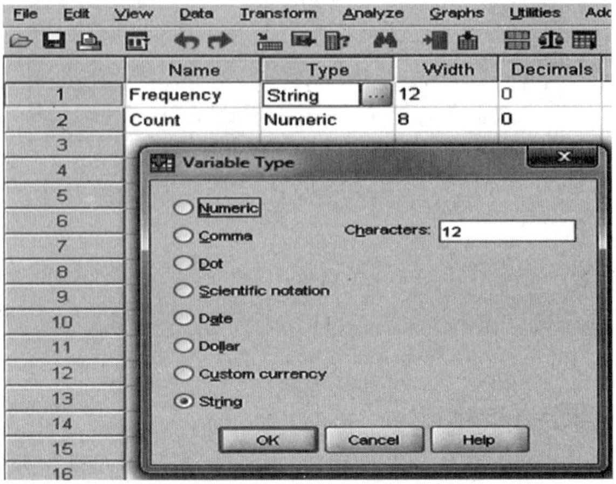

图 7－1　定义变量

（2）输入数据：根据表7－2将分类变量（使用频率）和人数输入相应的列中，结果如图7－2所示。

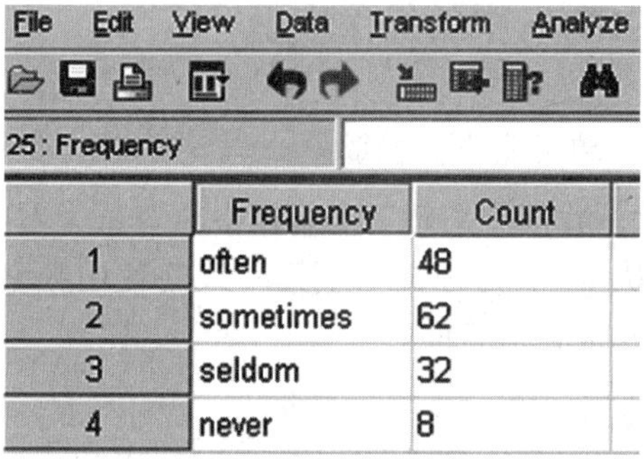

图7－2　输入数据

步骤2：设置加权频数。

在菜单栏上单击【Data】，从下拉菜单中选取【Weight Cases】，弹出交叉表【Weight Cases】对话框。选取“Count”后单击箭头，把“Count”选入【Frequency Variable】中，如图7－3所示。

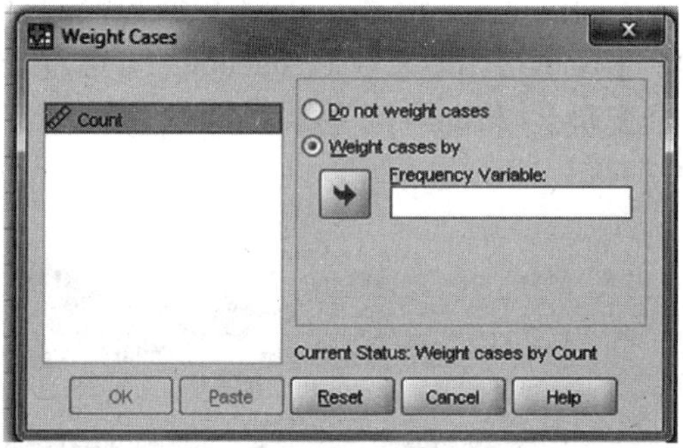

图7－3　【Weight Cases】对话框

思考题1：为什么要进行【Weight Cases】的加权频数设置？它的作用是什么？

步骤3：进行卡方检验。

（1）找到卡方检验选项：在菜单栏上单击【Analyze】，从下拉菜单中选取【Nonparametric Tests】，弹出级联菜单后再单击【Chi-Square...】，具体操作如图7－4所示。

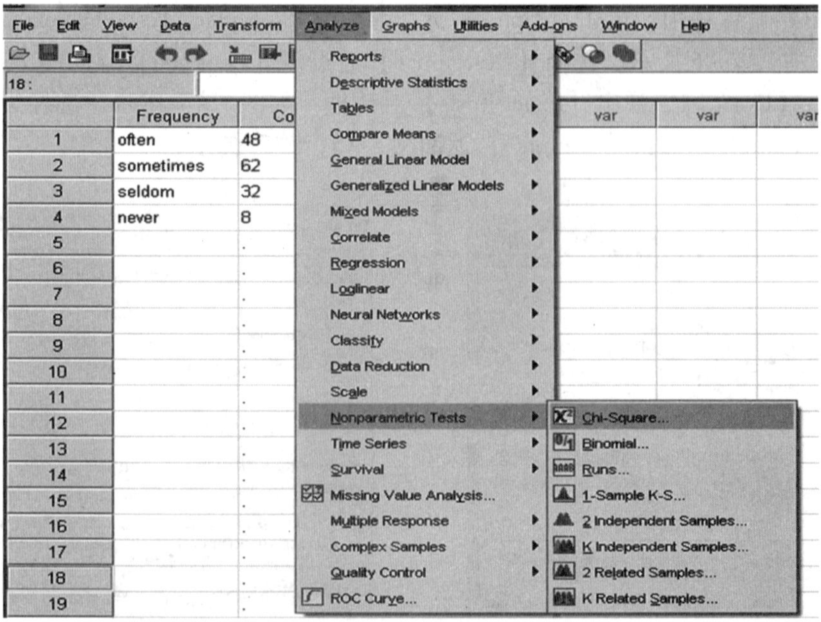

图 7－4　【Analyze】菜单

（2）选择变量：弹出卡方检验【Chi-Square Test】对话框，如图 7－5 所示。从左侧的变量列表中选择变量【Count】，单击箭头按钮，将其选入到【Test Variable List 】的变量列表中。

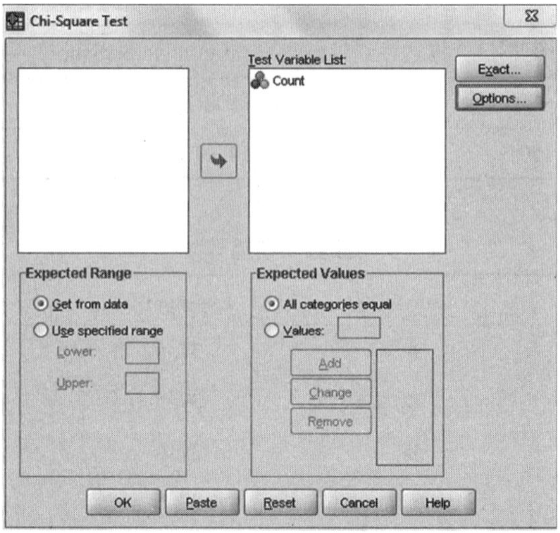

图 7－5　【Chi-Square Test】对话框

（3）设置选项：单击【Options...】，弹出【Chi-Square Test：Options】对话框，如图 7 - 6 所示。选择【Descriptive】后点击【Continue】返回图 7 - 5。再单击【Exact...】，弹出【Exact Tests】对话框，如图 7 - 7 所示。选择【Asymptotic only】后点击【Continue】返回图 7 - 5，最后点【OK】确定。

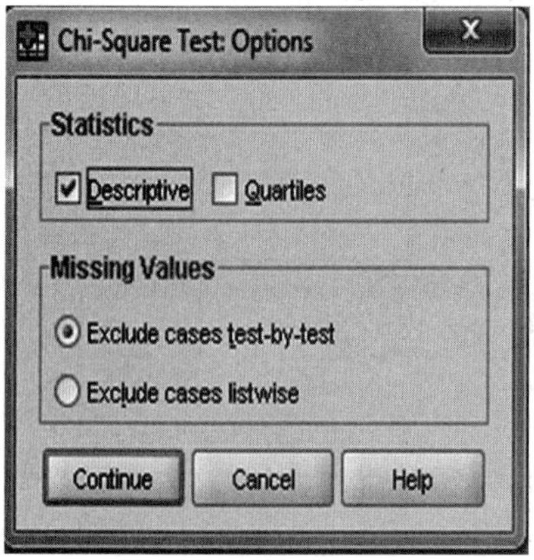

图 7 - 6 【Chi-Square Test：Options】对话框

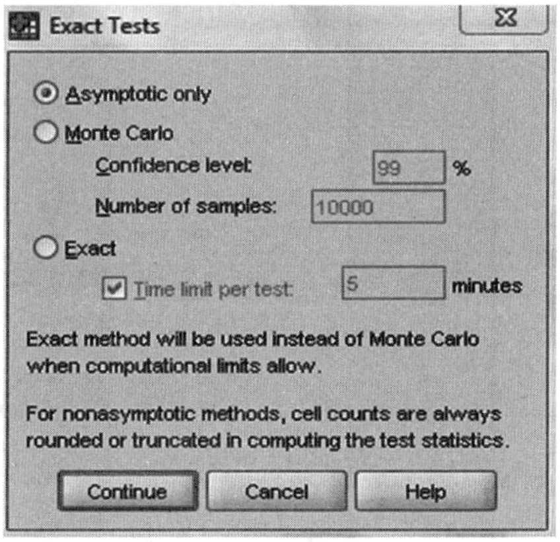

图 7 - 7 【Exact Tests】对话框

步骤 4：结果与讨论。

（1）观测量与期望值结果。

表 7 - 3 为描述性统计结果，表 7 - 4 为实际频数和期望频数的统计结果，预期值为 37. 5。

表 7 - 3 描述性统计结果（Descriptive Statistics）

	N	Mean	Std. Deviation	Minimum	Maximum
Count	150	48. 24	14. 913	8	62

表 7 - 4 实际频数和期望频数（Count）

	Observed N	Expected N	Residual
	8	37. 5	- 29. 5
	32	37. 5	- 5. 5
	48	37. 5	10. 5
	62	37. 5	24. 5
Total	150		

（2）卡方检验结果。

如表 7 –5 所示，卡方值为 42. 960，相伴概率为 0. 000，小于 0. 01，表明学生使用某策略的频率具有显著差异。

表 7 –5 卡方检验结果（Chi-Square Test）

	Count
Chi-Square	42. 960[a]
df	3
Asymp. Sig.	. 000

a. 0 cells (. 0%) have expected frequencies less than 5. The minimum expected cell frequency is 37. 5.

7. 2. 2 实例分析 2：双因素卡方检验

如表 7 –6 所示，我们要了解三个年级对某种学习策略的态度，并检验年级水平和各年级对学习策略的态度之间是否有关联。

表 7 –6 学生所处年级和对某学习策略的态度

（单位：人）

年级 Grade	态度 Attitude		
	同意 agree	不知道 I don't know	不同意 disagree
高三	36	15	9
高一	20	27	13
初二	13	21	26

步骤 1：输入数据。

（1）定义变量：如图 7 – 8 所示，新建一个 SPSS 文档，点击【Variable View】，将变量名【Name】分别设为“Grade”和“Attitude”，将变量类型【Type】均设为“String”；再设一个变量名【Name】为“Count”，其类型【Type】设为“Numeric”，完成后按【OK】。

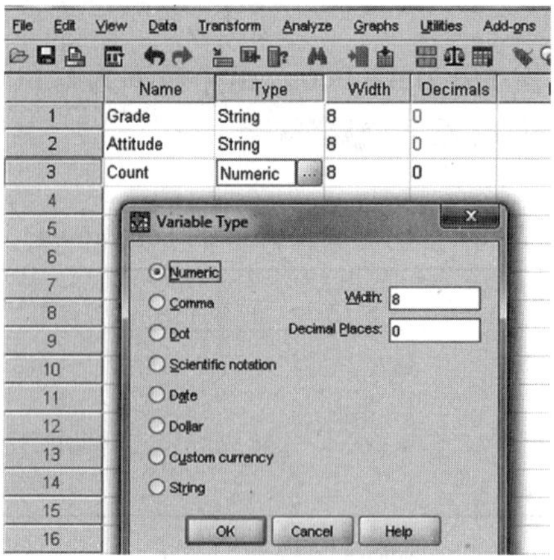

图 7－8　定义变量

（2）输入数据：根据表 7－6 将年级变量、态度变量和人数输入相应的列中，如图 7－9 所示。

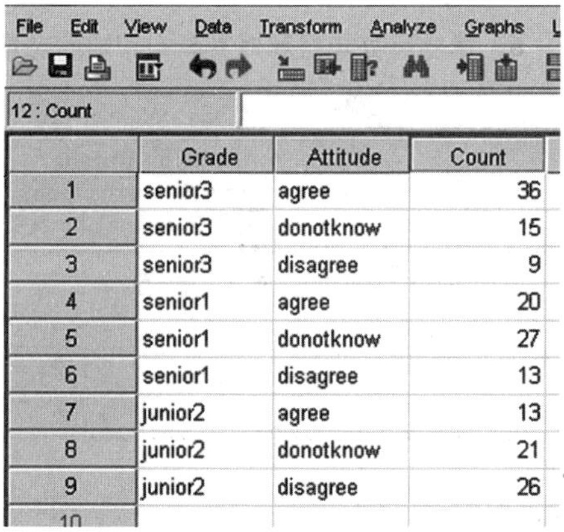

图 7－9　输入数据

步骤 2：设置加权频数。

在菜单栏上单击【Data】，从下拉菜单中选取【Weight Cases】。弹出【Weight Cases】对话框后点击【Weight cases by】，再从左侧列表中选取变量【Count】，接着单击箭头按钮，把变量【Count】选入【Frequency Variable】，如图 7－10 所示。

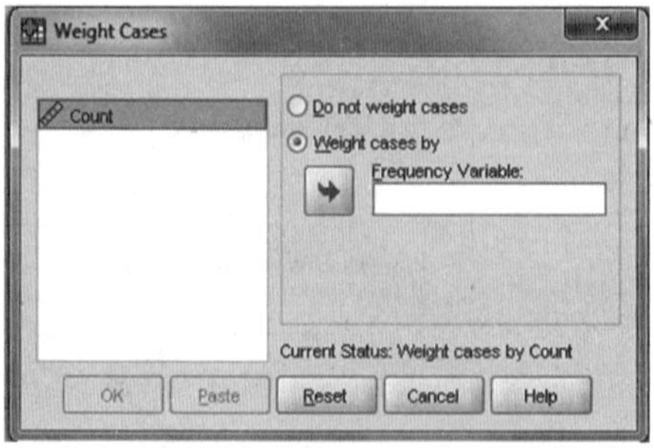

图 7－10　【Weight Cases】对话框

步骤 3：制定交叉表。

（1）找到交叉表选项：在菜单栏上单击【Analyze】，从下拉菜单中选取【Descriptive Statistics】，弹出级联菜单后单击【Crosstabs...】，如图 7－11 所示。

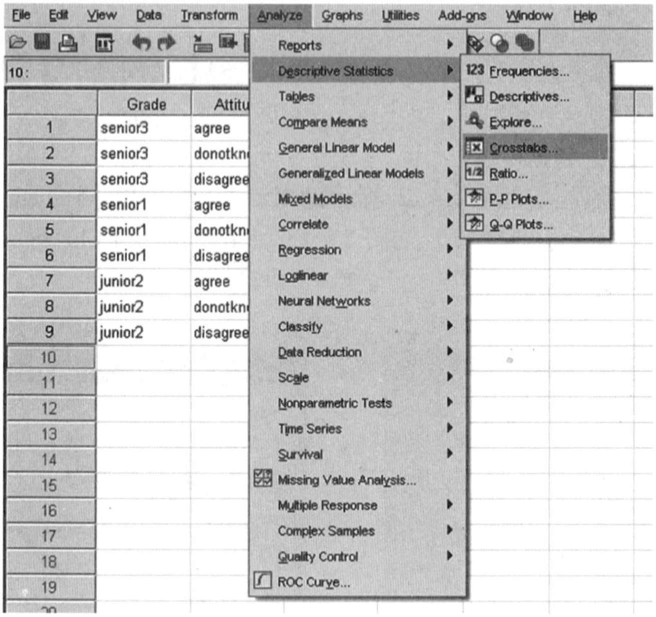

图 7－11　【Analyze】菜单

（2）选定变量：弹出交叉表【Crosstabs】对话框后，从左侧的变量列表中选择变量年级【Grade】，单击箭头按钮，将其选入到【Row（s）】的变量列表中。接着将变量态度【Attitude】选入到【Column（s）】中，并勾选【Display clustered bar charts】，如图 7－12 所示。最后点【OK】确定。

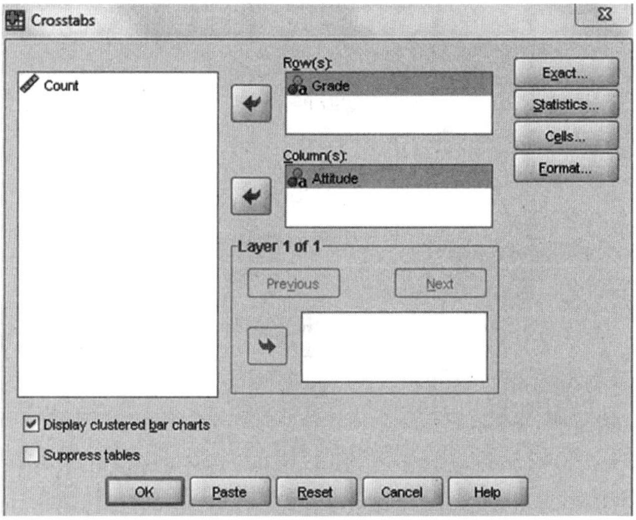

图 7－12　【Crosstabs】对话框

思考题 2：【Row（s）】选项和【Column（s）】选项分别代表什么？

步骤 4：进行卡方检验。

（1）卡方检验：在图 7－12 所示的对话框中单击【Statistics...】，弹出【Crosstabs：Statistics】对话框，如图 7－13 所示。勾选【Chi-Square】后单击【Continue】按钮返回。

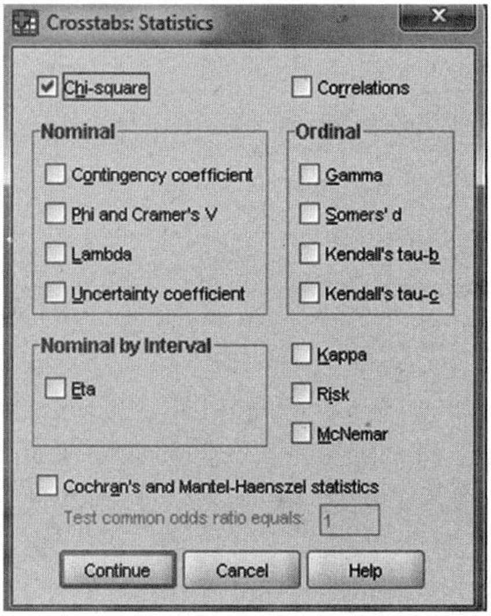

图 7－13　【Crosstabs：Statistics】对话框

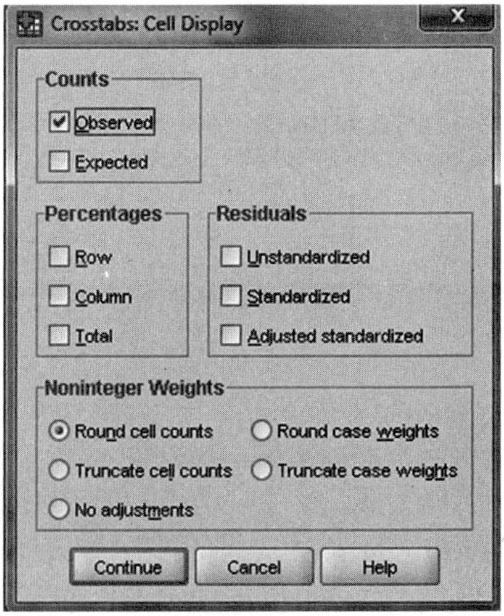

图 7－14　【Crosstabs：Cell Display】对话框

（2）输出实际观察数：在图 7－12 的对话框中单击【Cells...】，弹出【Crosstabs：Cell Display】对话框，如图 7－14 所示。选项区中勾选【Observed】，然后单击【Continue】按钮返回。

（3）设定排列顺序：在图 7－12 对话框中单击【Format...】，弹出【Crosstabs：Table Format】对话框，如图 7－15 所示。选项区中勾选【Ascending】，然后单击【Continue】按钮返回。

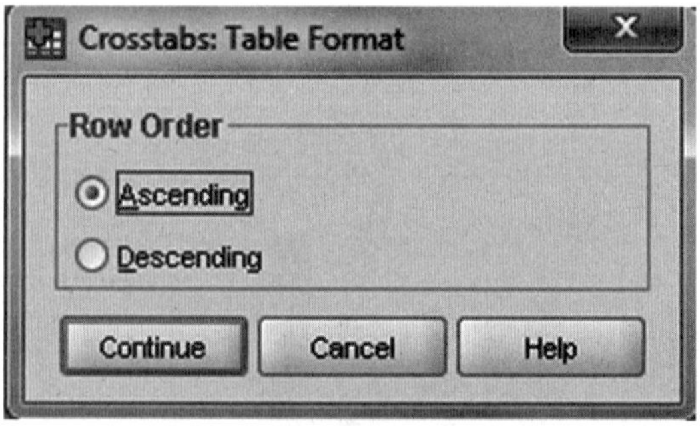

图 7－15　【Crosstabs：Table Format】对话框

步骤 5：结果与讨论。

（1）观测量统计结果。

如表 7－7 所示，对记录缺失值情况报告处理后，输出的表格中缺失值为 0，可见 180 例均为有效值。

表 7－7　观测量统计结果（Case Processing Summary）

	Cases					
	Valid		Missing		Total	
	N	Percent	N	Percent	N	Percent
Grade * Attitude	180	100.0%	0	.0%	180	100.0%

（2）年级与态度交叉表结果。

表 7－8 为年级与对某学习策略的态度之间的交叉统计结果。初二、高一和高三的学生各有 60 条记录。对于某种学习策略，从总体上看，持同意态度的记录有 69 条，持不同意态度有 48 条，不知道的有 63 条。图 7－16 为年级与态度分布情况的统计图形。

表 7-8　年级与对某学习策略的态度之间的交叉统计结果（Grade ＊ Attitude Crosstabulation）

		Attitude			Total
		agree	disagree	do not know	
Grade	junior2	13	26	21	60
	senior1	20	13	27	60
	senior3	36	9	15	60
Total		69	48	63	180

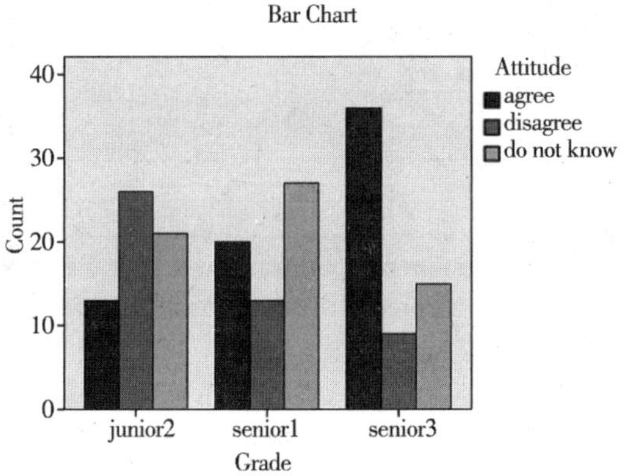

图 7-16　年级与态度分布情况的统计图形

（3）卡方检验结果。

表 7-9　卡方检验结果（Chi-Square Test）

	Value	*df*	Asymp. Sig.（2-sided）
Pearson Chi-Square	25.391[a]	4	.000
Likelihood Ratio	24.801	4	.000
N of Valid Cases	180		

a. 0 cells (.0%) have expected count less than 5. The minimum expected count is 6.40.

表 7-9 从左到右各列分别为统计方法、检验统计量值（Value）、自由度（*df*）和双侧近似概率［Asymp. Sig.（2-sided）］。Pearson 卡方值为 25.391，相伴概率为 0.000，小于 0.01，所以否定不相关的原假设，认为学生年级与其态度有很强的关联性。

7.2.3　实例分析 3：分层卡方检验

某高校听说课程试行两种新的听力训练模式 A 与模式 B，拟调查听力水平提高的效率。考虑到专业是一个可能的混杂因素，将其纳入调查之中。如表 7－10 所示，我们要分析训练模式与听力水平及格率有无关联。

表 7－10　两种模式的及格率比较

（单位：人）

	文科专业		理科专业	
	模式 A	模式 B	模式 A	模式 B
及格	22	28	19	85
不及格	18	60	8	96
合计	40	88	27	181

步骤 1：输入数据。

（1）定义变量：如图 7－17 所示，新建一个 SPSS 文档，点击【Variable View】，将变量名【Name】分别设为“Pass”、“Method”和“Major”，将这些变量类型【Type】都设为“String”；再设一个变量为“Count”，其变量类型【Type】设为“Numeric”，完成后按【OK】。

（2）输入数据：将分类变量和人数输入相应的列中，如图 7－18 所示。

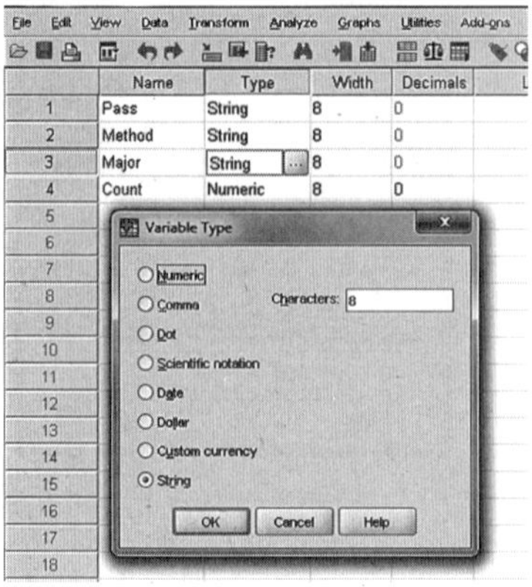

图 7－17　定义变量

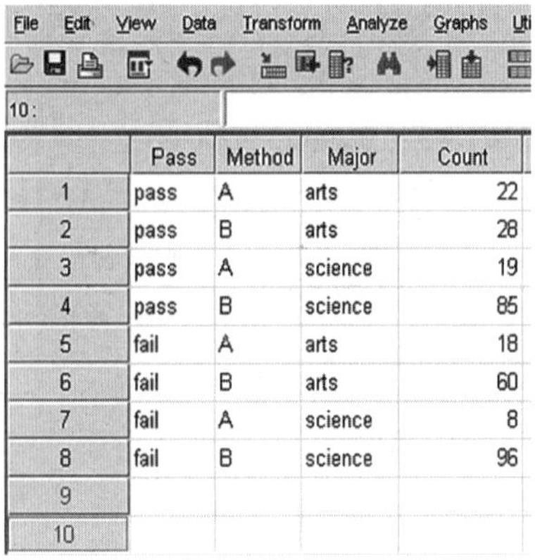

图 7－18　输入数据

步骤 2：设置加权频数。

在菜单栏上单击【Data】，从下拉菜单中选取【Weight Cases】，弹出交叉表【Weight Cases】对话框，选取【Count】，单击箭头按钮，把【Count】选入【Frequency Variable】中，如图 7－19 所示。

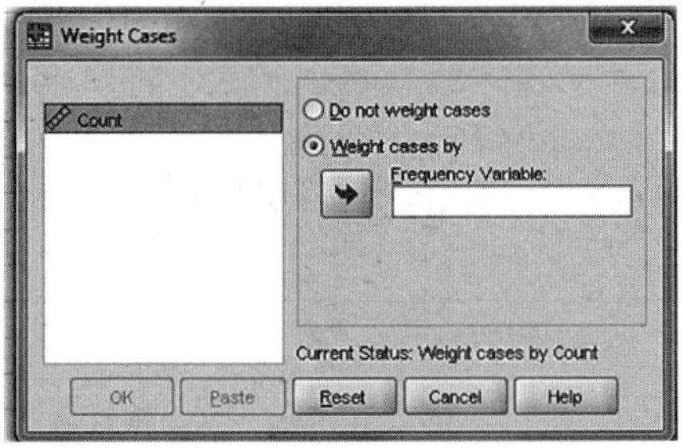

图 7－19　【Weight Cases】对话框

步骤 3：进行卡方检验。

（1）选定变量：在菜单栏上单击【Analyze】，从下拉菜单中选取【Descriptive Statistics】，弹出级联菜单后单击【Crosstabs...】后，交叉表【Crosstabs】对话框弹出，如图 7－20 所示。从左侧的变量列表中选择变量【Pass】，单击箭头按钮，将其选入到【Row（s）】的变量列表中；将变量【Method】选入到【Column（s）】中；将【Major】变量调入【Layer 1 of 1】中，表示按专业分层。

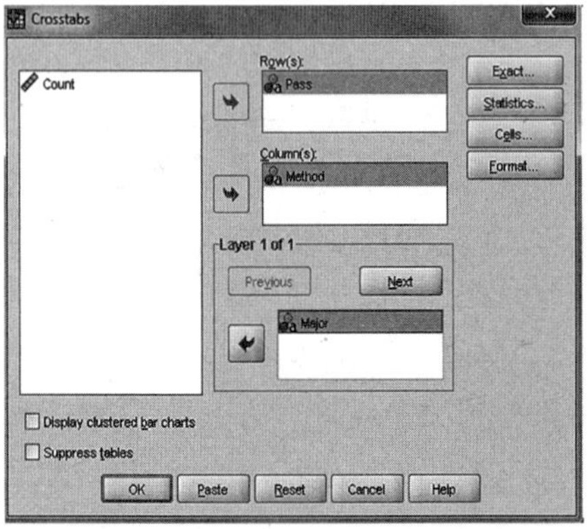

图 7－20　【Crosstabs】对话框

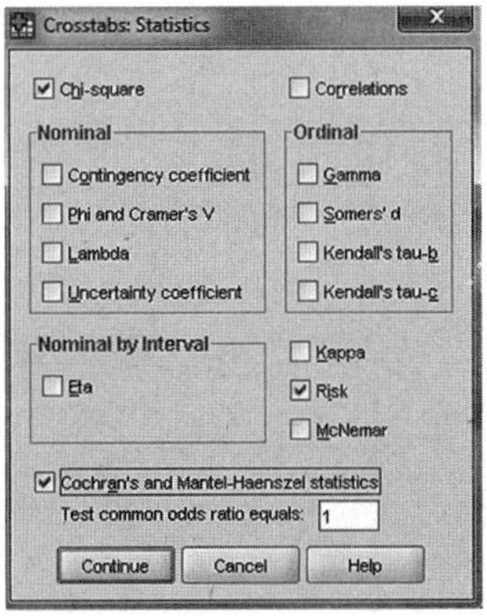

图 7－21　【Crosstabs：Statistics】对话框

（2）卡方检验：在图 7－20 所示的对话框中单击【Statistics...】后，【Crosstabs：Statistics】对话框弹出，如图 7－21 所示。在出现的对话框中先勾选【Chi-Square】，然后勾选【Risk】和【Cochran's and Mantel-Haenszel statistics】作分层分析，最后单击【Continue】按钮。

（3）输出实际观察数：在图 7－20 所示的对话框中单击【Cells...】，弹出【Crosstabs：Cell Display】对话框，在【Counts】下勾选【Observed】，如图 7－22所示。然后单击【Continue】按钮返回图 7－20，最后按【OK】。

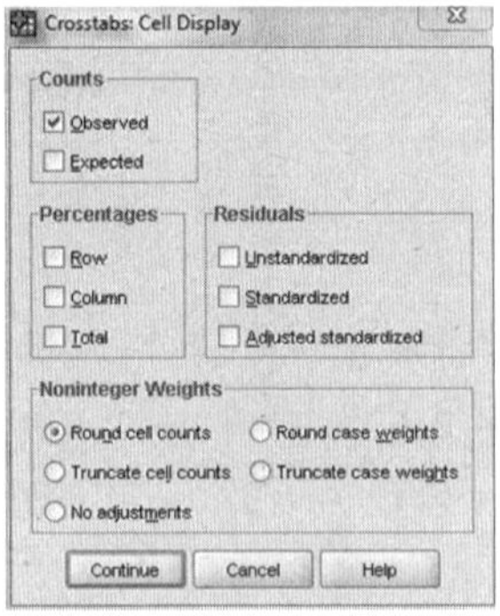

图 7－22　【Crosstabs：Cell Display】对话框

步骤 4：结果与分析。

（1）按变量“专业”取值分层的交叉表结果。

如表 7－11 所示，文科专业及格的总人数为 50 人，不及格的为 78 人；理科专业及格的总人数为 104 人，不及格的为 104 人。文科专业和理科专业在训练模式 A 条件下的及格总人数为 41（22＋19）人，训练模式 B 条件下的及格总人数为 113（28＋85）人。

表 7－11　交叉表统计结果（Pass ＊ Method ＊ Major Crosstabulation）

Major			Method		Total
			A	B	
Arts	pass	fail	18	60	78
		pass	22	28	50
	Total		40	88	128
Science	pass	fail	8	96	104
		pass	19	85	104
	Total		27	181	208

（2）卡方检验结果。

如表 7－12 所示，文科的相伴概率为 0.019，理科的相伴概率为 0.038，均小于 0.05。所以无论是文科还是理科，训练模式与及格率的相关关系显著。

表 7-12　卡方检验结果（Chi-Square Test）

Major		Value	*df*	Asymp. Sig. (2-sided)	Exact Sig. (2-sided)	Exact Sig. (1-sided)
Arts	Pearson Chi-Square	6.208[a]	1	.013		
	Continuity Correction[b]	5.273	1	.022		
	Likelihood Ratio	6.133	1	.013		
	Fisher's Exact Test				.019	.011
	N of Valid Cases[b]	128				
Science	Pearson Chi-Square	5.150	1	.023		
	Continuity Correction[b]	4.256	1	.039		
	Likelihood Ratio	5.283	1	.022		
	Fisher's Exact Test				.038	.019
	N of Valid Cases[b]	208				

a. 0 cells (.0%) have expected count less than 5. The minimum expected count is 15.63.

b. Computed only for a 2×2 table

思考题 3：什么是 Fisher's Exact Test?

（3）一致性检验和分层检验结果。

如表 7-13 所示，P 值为 0.968，表明不同层次之间没有显著差异，即层间同质，文科专业和理科专业没有显著差异。表 7-14 是分层卡方检验的结果，两种方法的卡方检验值分别为 11.354 和 10.351，P 值均为 0.001，表明去除了专业的混杂作用以后，及格率与训练模式是有显著关系的。

表 7-13　一致性检验结果（Tests of Homogeneity of the Odds Ratio）

	Chi-Squared	*df*	Asymp. Sig. (2-sided)
Breslow-Day	.002	1	.968
Tarone's	.002	1	.968

表 7-14　分层卡方检验结果（Tests of Conditional Independence）

	Chi-Squared	*df*	Asymp. Sig. (2-sided)
Cochran's	11.354	1	.001
Mantel-Haenszel	10.351	1	.001

（4）OR（Odds Ratio）检验结果。

表 7 – 15 给出的是调整了专业混杂作用后的综合 OR（Odds Ratio）值、OR 值的自然对数、置信区间以及相应的 *P* 值，可见检验结果与前面一致。相应的 OR 值为 0. 378，即去除专业的混杂作用后，训练模式 A 的及格率可能性约为训练模式 B 的 0. 378 倍。

表 7 – 15 比值检验结果（Mantel-Haenszel Common Odds Ratio Estimate）

Estimate			. 378
ln（Estimate）			–. 974
Std. Error of ln（Estimate）			. 295
Asymp. Sig. （2 – sided）			. 001
Asymp. 95% Confidence Interval	Common Odds Ratio	Lower Bound	. 212
		Upper Bound	. 673
	ln（Common Odds Ratio）	Lower Bound	– 1. 551
		Upper Bound	–. 396

练习题

1. 如表 7 – 16 所示，某区教育局调查中学教师在当前社会环境下对教师角色的信念和看法，并把调查的结果分为五个等级。请问该区中学教师对教师角色的信念水平是否有显著差异。

表 7 – 16 某区中学教师对教师角色的信念

（单位：人）

	Very Positive	Positive	Neutral	Negative	Very Negative
教师	12	25	55	84	35

2. 如表 7 – 17 所示，某学院调查其两个年级英语专业学生在四级考试和八级考试写作中的句型使用情况，分别统计了简单句、复合句、复杂句、复合复杂句和特殊句式的使用次数。请问考试水平和句型之间是否有显著相关关系。

表 7－17　四级考试和八级考试写作中的句型分布

（单位：句）

	简单句	复合句	复杂句	复合复杂句	特殊句式	句子总数
四级	1929	211	1424	220	53	3837
八级	1378	218	1337	299	30	3262
合计	3307	429	2761	519	83	7099

3. 表 7－18 表明了不同语音水平的学生对语音学习的观念强弱程度（强、中、弱），考虑到性别对语音水平和观念的影响，请用分层卡方检验，考察语音水平和学生语音观念之间是否有显著关联性。

表 7－18　不同语音水平组与语音观念强弱程度

（单位：人）

	男			女		
	强	中	弱	强	中	弱
语音高水平组	34	25	20	56	28	18
语音低水平组	28	54	37	42	55	40
合计	62	79	57	98	83	58

思考题参考答案

1. 在 SPSS 软件中，【Data View】（数据视图）在默认情况下每一行就是一条记录，逐条录入是十分麻烦的。SPSS 的【Weight Cases】较好地解决了这个问题，具体办法是使用频数格式录入数据，即相同取值的观测值只录入一次，另加一个频数变量记录该数值共出现了多少次。这样就需要在分析前先用【Data】主菜单中的【Weight Cases】命令将数据指定为该种格式，再进行分析。

2.【Row（s）】用于选择行列表中的行变量，【Column（s）】用于选择行列表中的列变量。

3. 当一个以上的单元格的期望次数小于 5 时，要进行卡方检验，且必须使用费舍精确检验 Fisher's Exact Test。卡方检验的假设是每个单元格的期望频数大于或等于 5，但是费舍精确检验没有这样的假设，不管期望频数是多少都能使用。在 SPSS 中，只能使用 2×2 表进行费舍精确检验。

练习题答案

1.

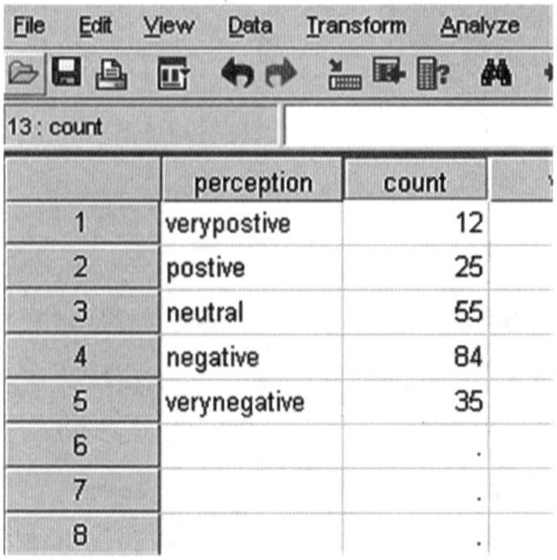
File Edit View Data Transform Analyze
13 : count
perception count
1 verypostive 12
2 postive 25
3 neutral 55
4 negative 84
5 verynegative 35
6
7
8

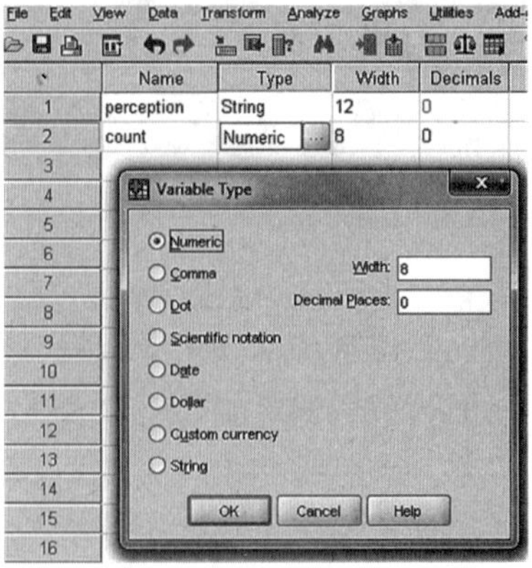
File Edit View Data Transform Analyze Graphs Utilities
Name Type Width Decimals
1 perception String 12 0
2 count Numeric 8 0
Variable Type
Numeric
Comma
Dot
Scientific notation
Date
Dollar
Custom currency
String
Width: 8
Decimal Places: 0
OK Cancel Help

2.

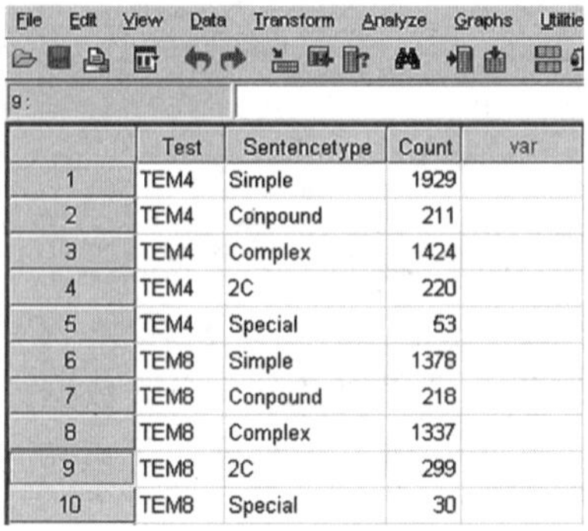
File Edit View Data Transform Analyze Graphs
9 :
Test Sentencetype Count var
1 TEM4 Simple 1929
2 TEM4 Conpound 211
3 TEM4 Complex 1424
4 TEM4 2C 220
5 TEM4 Special 53
6 TEM8 Simple 1378
7 TEM8 Conpound 218
8 TEM8 Complex 1337
9 TEM8 2C 299
10 TEM8 Special 30

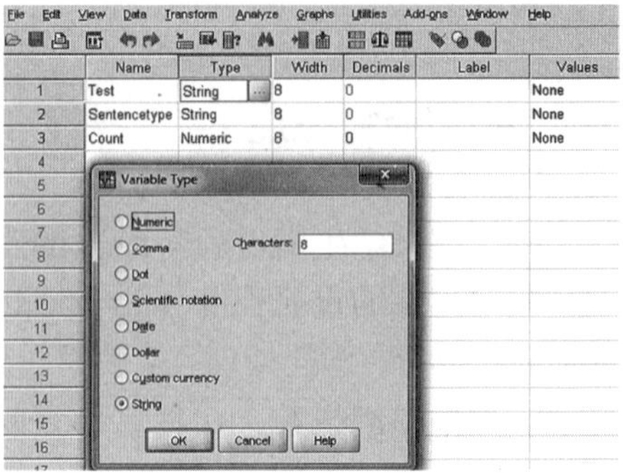
File Edit View Data Transform Analyze Graphs Utilities Add-ons Window Help
Name Type Width Decimals Label Values
1 Test String 8 0 None
2 Sentencetype String 8 0 None
3 Count Numeric 8 0 None
Variable Type
Numeric
Comma
Dot
Scientific notation
Date
Dollar
Custom currency
String
Characters: 8
OK Cancel Help

3.

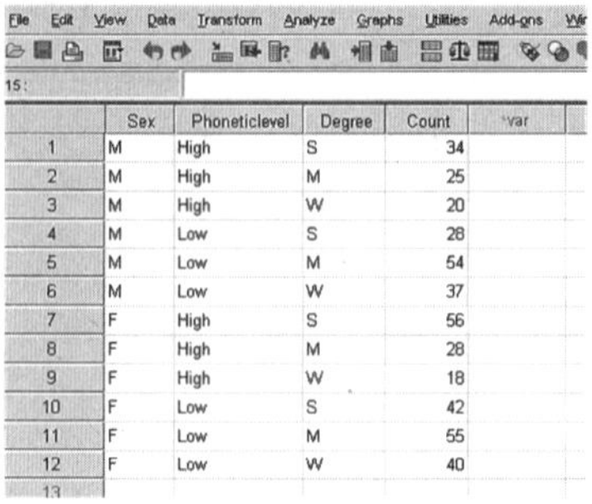
File Edit View Data Transform Analyze Graphs Utilities Add-ons
15 :
Sex Phoneticlevel Degree Count var
1 M High S 34
2 M High M 25
3 M High W 20
4 M Low S 28
5 M Low M 54
6 M Low W 37
7 F High S 56
8 F High M 28
9 F High W 18
10 F Low S 42
11 F Low M 55
12 F Low W 40

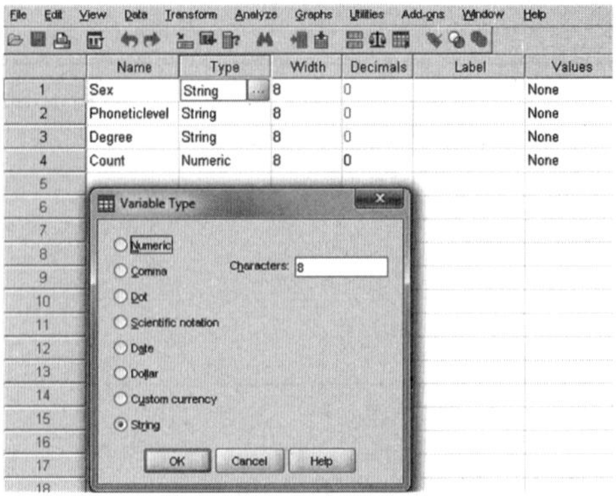
File Edit View Data Transform Analyze Graphs Utilities Add-ons Window Help
Name Type Width Decimals Label Values
1 Sex String 8 0 None
2 Phoneticlevel String 8 0 None
3 Degree String 8 0 None
4 Count Numeric 8 0 None
Variable Type
Numeric
Comma
Dot
Scientific notation
Date
Dollar
Custom currency
String
Characters: 8
OK Cancel Help

实验八
相关分析能力的训练

世间事物往往是相互联系的。当我们想考查具有相关关系的不同现象之间的关联程度时，如汉语成绩与英语成绩的关联程度，或学习动机与英语学习成绩的相关性，就可采用相关分析法。这是用一些合理的指标对相关现象的观测值进行统计分析。实验八将介绍相关分析的基本概念和基本原理，为学生提供使用 SPSS 进行 Pearson 积差相关分析和 Spearman 等级相关分析的实践，使其通过实例分析掌握相关分析的操作技能。

8.1 相关分析概述

为了解大学生实习前所设立的实习目标，某高校要求大四学生评估以下六个实习目标的重要程度（1 = 不重要，5 = 很重要）：累积经验、提高能力、增加简历分量、学会处理人际关系、赚取生活费用以及拿学分。数据如表 8 - 1 所示。如果我们想看这六种目标之间的关联性和关联程度，可以考虑采用相关分析。

表 8 - 1　实习目标的重要程度

样本	累积经验	提高能力	增加简历分量	学会处理人际关系	赚取生活费用	拿学分
1	5	5	4	4	2	3
2	5	5	5	5	3	3
3	5	5	5	5	2	5
……	……	……	……	……	……	……

8.1.1 相关关系主要类型

（1）根据变量的数目，可分为：

●简单线性相关（Simple Linear Correlation）：简称直线相关或简单相关，用于分析两个连续型变量之间的线性相关关系，适用于双变量正态分布的数据。

●多重线性相关（Multiple Linear Correlation）：是对多个变量间的直线关系进行的线性相关分析，适用于多元正态分布的数据。

（2）根据变量之间相关关系的表现形式，可分为：

●正相关：变量之间变动的方向相同，同增同减。

●负相关：变量之间变动的方向相反，一个增加而另一个减少。

●零相关：变量之间变动没有规律可循。

（3）相关关系用相关系数表示。相关系数取值在“-1”到“+1”之间，绝对值越大，说明相关性越强。“+1”表示完全的正相关；“-1”表示完全的负相关；“0”表示无显著的相关关系。

8.1.2　相关分析主要类型

由于变量类型的不同，采用的相关分析方法也不相同。对两个或多个连续变量的相关分析可用 Pearson 积差相关分析，对于顺序变量的相关分析可用 Spearman 等级相关分析。

（1）积差相关（Product-moment Coefficient of Correlation）：这是英国统计学家皮尔逊（K. Pearson）在 20 世纪初提出的计算方法，简称 Pearson 积差相关系数。它属于参数统计方法，是最常用的相关分析法。

（2）等级相关（Spearman's Correlation Coefficient for Ranked Data）：这是英国统计学家斯皮尔曼（C. E. Spearson）在 20 世纪初提出的计算方法，简称 Spearman 等级相关，又称秩相关，属于非参数统计方法，适用范围较 Pearson 积差相关分析更广，但检验效能较 Pearson 系数低。

思考题 1：Pearson 积差相关分析与 Spearman 等级相关分析分别用在什么地方，有什么差异？

8.1.3　相关分析使用条件

（1）Pearson 积差相关分析法的使用条件：

●变量都是由测量获得的等距或等比数据；

●变量都呈正态或接近正态分布；

●变量都必须是直线关系；

●数据必须是成对数据，数目至少为 30 对。

（2）Spearman 等级相关分析法的使用条件：

●数据是等级顺序的测量数据；

●非正态分布的等距或等比数据。

8.2 相关分析在 SPSS 中的操作应用

8.2.1 Pearson 积差相关的实例分析与 SPSS 操作

表 8－2 是 10 名英语专业大学生在某次期末考后的精读成绩和写作成绩，专业课教师想弄清楚这两门课程成绩之间的关系。试用 Pearson 积差相关分析法进行相关分析。

表 8－2　10 名英语专业大学生在某次期末考后的精读成绩和写作成绩

样本	精读成绩	写作成绩
1	82	80
2	78	79
3	83	80
4	74	77
5	85	86
6	79	78
7	75	75
8	80	81
9	87	85
10	76	75

具体操作步骤如下：

步骤 1：输入数据。

（1）定义变量：如图 8－1 所示，新建一个 SPSS 文档，点击【Variable View】，将变量名【Name】分别设为“精读成绩”和“写作成绩”，小数点【Decimals】均设为“2”。

（2）输入数据：点击【Data View】，如图 8－2 所示，将以上变量的值录入相应的数据栏中。

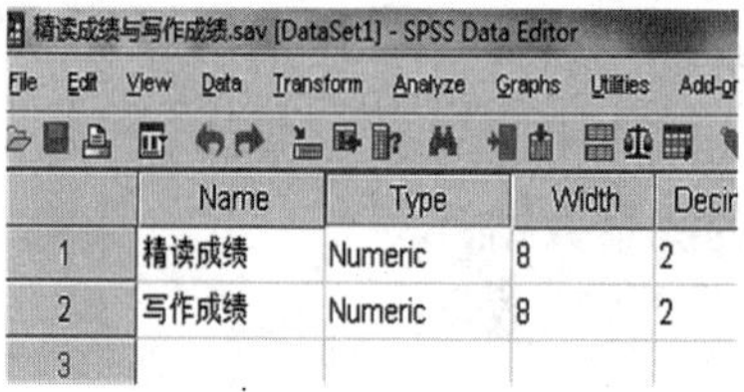

图 8－1　定义变量

图 8－2 输入数据

步骤 2：进行相关效应分析。

（1）找到相关分析栏：在菜单栏上单击【Analyze】，从下拉菜单中选取【Correlate】，在级联菜单上选取【Bivariate...】，弹出【Bivariate Correlations】对话框，如图 8－3 所示。

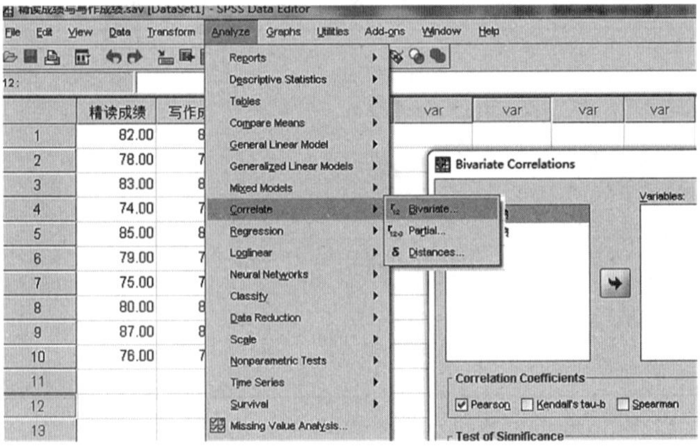

图 8－3 相关关系对话框

（2）分配变量：在【Bivariate Correlations】对话框中，将变量选入右侧的【Variables】变量列表。然后在【Correlation Coefficients】下勾选【Pearson】进行积差相关分析，【Test of Significance】下默认用【Two-tailed】进行相关系数双侧检验，默认【Flag significant correlations】，完成后单击【OK】按钮。具体如图 8－4 所示。

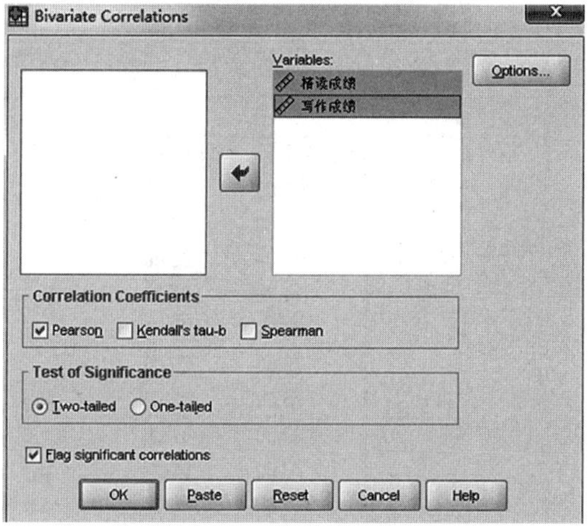

图 8－4 【Bivariate Correlations】对话框

步骤 3：结果与分析。

如表 8－3 所示，精读成绩与写作成绩的相关系数为 0.908，显著性为 0.000＜0.01。这表明两者存在显著的正相关关系，即精读成绩越高，写作成绩就越高。

表 8－3 Pearson **积差相关分析结果**（Correlations）

		精读成绩	写作成绩
精读成绩	Pearson Correlation	1	.908**
	Sig.（2－tailed）		.000
	N	30	30
写作成绩	Pearson Correlation	.908**	1
	Sig.（2－tailed）	.000	
	N	30	30

**. Correlation is significant at the 0.01 level（2－tailed）.

8.2.2 Spearman 等级相关分析的实例分析与 SPSS 操作

为了解大学生的实习目标，某高校要求大四学生评估以下六个实习目标的重要程度（1＝不重要，5＝很重要）：累积经验、提高能力、增加简历分量、学会处理人际关系、赚取生活费用以及拿学分。数据如表 8－4 所示。试用 Spearman 等级相关法进行分析。

表 8-4　实习目标的重要程度

学生	累积经验	提高能力	增加简历分量	学会处理人际关系	赚取生活费用	拿学分
1	5	5	4	4	2	3
2	5	5	5	5	3	3
3	5	5	5	5	2	5
4	5	5	5	5	5	3
5	4	4	4	4	4	4
6	5	5	5	5	4	5
7	5	5	5	5	5	3
8	5	5	5	5	4	5
9	5	5	5	4	4	4
10	4	5	4	5	3	3
11	4	5	4	5	2	2
12	5	5	4	5	4	4
13	5	5	5	5	3	3
14	5	4	4	4	3	3
15	5	5	4	5	4	3
16	5	5	5	5	4	5
17	5	5	3	4	4	4
18	5	5	3	4	4	4
19	5	5	4	5	4	5
20	5	5	4	5	4	5
21	3	3	3	4	3	4
22	4	3	3	4	2	3
23	5	5	4	5	4	4
24	5	5	3	5	3	4
25	5	5	4	5	3	5
26	5	4	5	4	5	5
27	5	5	4	5	3	5
28	5	5	4	5	4	4
29	4	4	5	5	5	5
30	4	4	4	4	1	2

具体操作步骤如下：

步骤 1：输入数据。

（1）定义变量：如图 8-5 所示，新建一个 SPSS 文档，点击【Variable View】，将变量名【Name】依次设为“累积经验”、“提高能力”、“增加简历分量”、“学会处理人际关系”、“赚取生活费用”以及“拿学分”，小数点【Decimals】都设为“0”。

（2）输入数据：点击【Data View】，如图 8－6 所示，将以上变量的值录入相应的数据栏中。

	Name	Type	Width	Decimals
1	累积经验	Numeric	8	0
2	提高能力	Numeric	8	0
3	增加简历分量	Numeric	8	0
4	学会处理人...	Numeric	8	0
5	赚取生活费用	Numeric	8	0
6	拿学分	Numeric	8	0
7				
8				

图 8－5　定义变量

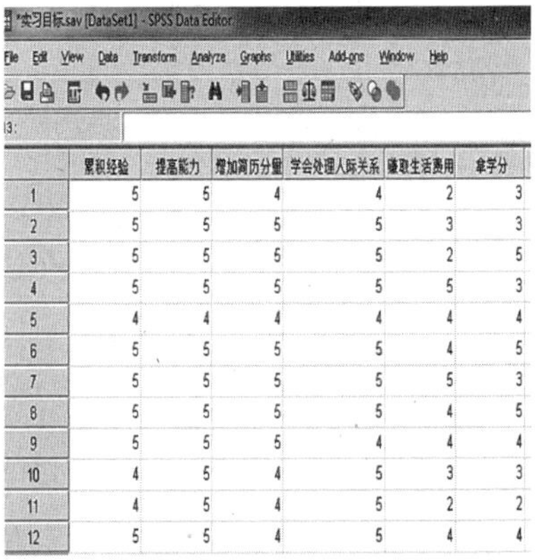

	累积经验	提高能力	增加简历分量	学会处理人际关系	赚取生活费用	拿学分
1	5	5	4	4	2	3
2	5	5	5	5	3	3
3	5	5	5	5	2	5
4	5	5	5	5	5	3
5	4	4	4	4	4	4
6	5	5	5	5	4	5
7	5	5	5	5	5	3
8	5	5	5	5	4	5
9	5	5	5	4	4	4
10	4	5	4	5	3	3
11	4	5	4	5	2	2
12	5	5	4	5	4	4

图 8－6　输入数据

步骤 2：进行相关分析。

（1）找到相关分析栏：在菜单栏上单击【Analyze】，从下拉菜单中选取【Correlate】，在级联菜单上选取【Bivariate...】，弹出【Bivariate Correlations】对话框，如图 8－7 所示。

图 8－7　相关关系对话框

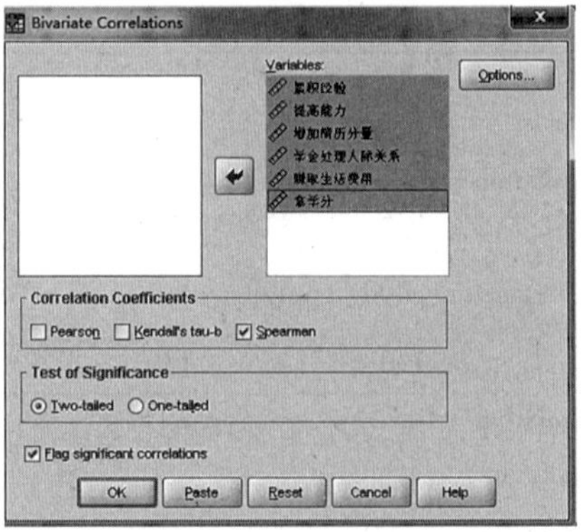

图 8－8　【Bivariate Correlations】对话框

（2）选定变量：在【Bivariate Correlations】对话框中，将变量选入右侧的【Variables】变量列表栏，然后在【Correlation Coefficients】栏下勾选【Spearman】进行等级相关分析。再在【Test of Significance】下勾选【Two-tailed】进行相关系数双侧检验，单击【Flag significant correlations】后点击【OK】按钮，具体如图 8－8 所示。

思考题 2：选择【Flag significant correlations】的作用是什么？

步骤 3：结果与分析。

（1）实习目标的六个变量之间的 Spearman 等级相关系数。

如表 8－5 所示，尽管部分变量之间存在显著关系，但所有变量的相关系数均不超过 0.75，所以不存在严重的共线性问题。

表 8－5　Spearman **等级相关分析结果**（Correlations）

			累积经验	提高能力	增加简历分量	学会处理人际关系	赚取生活费用	拿学分
Spearman's rho	累积经验	Correlation Coefficient	1.000	.746**	.423**	.427**	.185*	.156
		Sig. (2－tailed)		.000	.000	.000	.031	.069
		N	136	136	136	136	136	136
	提高能力	Correlation Coefficient	.746**	1.000	.428**	.555**	.102	.217*
		Sig. (2－tailed)	.000		.000	.000	.240	.011
		N	136	136	136	136	136	136

（续上表）

			累积经验	提高能力	增加简历分量	学会处理人际关系	赚取生活费用	拿学分
Spearman's rho	增加简历分量	Correlation Coefficient	.423**	.428**	1.000	.491**	.336**	.182*
		Sig. (2-tailed)	.000	.000		.000	.000	.034
		N	136	136	136	136	136	136
	学会处理人际关系	Correlation Coefficient	.427**	.555**	.491**	1.000	.295**	.131
		Sig. (2-tailed)	.000	.000	.000		.000	.128
		N	136	136	136	136	136	136
	赚取生活费用	Correlation Coefficient	.185*	.102	.336**	.295**	1.000	.276**
		Sig. (2-tailed)	.031	.240	.000	.000		.001
		N	136	136	136	136	136	136
	拿学分	Correlation Coefficient	.156	.217*	.182*	.131	.276**	1.000
		Sig. (2-tailed)	.069	.011	.034	.128	.001	
		N	136	136	136	136	136	136

**. Correlation is significant at the 0.01 level (2-tailed).

*. Correlation is significant at the 0.05 level (2-tailed).

（2）整理后的相关分析表。

表 8-6 是根据表 8-5 的数据整理而成的相关分析表。

表 8-6　整理后的相关分析表

	A	B	C	D	E	F
累积经验（A）	1.000					
提高能力（B）	.746**	1.000				
增加简历分量（C）	.423**	.428**	1.000			
学会处理人际关系（D）	.427**	.555**	.491**	1.000		
赚取生活费用（E）	.185*	.102	.336**	.295**	1.000	
拿学分（F）	.156	.217*	.182*	.131	.276**	1.000

*. $P<0.05$；**. $P<0.01$.

练习题

某高校调查了 20 个大四学生对实习培训效果的满意度（1 = 不满意，5 = 很满意），以及实习是否加深了其对职业的更深的认识（1 = 不同意，5 = 非常同意）。数据如表 8 - 7 所示，请评估培训效果与对职业的新认识之间的简单线性相关关系。

表 8 - 7　大学生培训效果与对职业的新认识

样本	培训效果	对职业的新认识
1	3	4
2	3	4
3	3	3
4	2	3
5	3	4
6	4	4
7	4	4
8	3	4
9	3	3
10	4	4
11	4	5
12	3	4
13	4	5
14	3	3
15	4	4
16	3	3
17	3	3
18	3	3
19	4	4
20	4	4

思考题参考答案

1. 两个连续变量间呈线性相关时，使用 Pearson 积差相关分析；当资料不服从双变量正态分布或原始数据是用等级表示时，宜用 Spearman 等级相关分析。

Spearman 等级相关是根据等级资料研究两个变量间相关关系的方法。只要两个变量的观测值是成对的等级评定资料，或者是由连续变量观测资料转化得到的等级资料，不论两个变量的总体分布形态、样本容量如何，都可以用该方法进行研究。

2. 用于在结果中有星号标记且具有统计学意义的相关系数。

练习题答案

如表 8－8 所示，培训效果与对职业的新认识之间的相关性很高（$r = 0.678$，$P = 0.001$）

表 8－8 Spearman **等级相关分析结果**（Correlations）

			培训效果	对职业的新认识
Spearman's rho	培训效果	Correlation Coefficient	1.000	.678**
		Sig.（2－tailed）		.001
		N	20	20
	对职业的新认识	Correlation Coefficient	.678**	1.000
		Sig.（2－tailed）	.001	
		N	20	20

**. Correlation is significant at the 0.01 level（2－tailed）.

实验九
因子分析能力的训练

在科学研究中，为了对研究问题有全面的认识，往往要尽可能地对多个相关变量进行观察，收集大量数据。然而，大量的观察变量导致数据庞大，增加了分析的复杂性和困难。由于这些观察变量彼此之间有一定的相关性，可对它们进行重新组合，构成数目较少、彼此相互独立的新变量，有利于进一步的分析。

这种将多个相关的变量转化为少数几个彼此独立的综合性指标，以少数几个因子来反映原来的资料的大部分信息的统计学方法就是因子分析。本实验先介绍因子分析的基本概念和基本原理，然后训练学生使用 SPSS 进行因子分析的技能，通过实例分析掌握因子分析的操作方法。

9.1 因子分析概述

在实验八里面我们讨论了相关分析，但如果自变量的数目太多且具有较强的多重共线性（Multicollinearity），就会给回归方程的数据建模和参数估计（详见实验十）带来许多麻烦。例如，为了解大学生实习效果的影响因素，某高校要求大四学生评估以下六个实习目标的重要程度（1 = 不重要，5 = 很重要）：累积经验、提高能力、增加简历分量、学会处理人际关系、赚取生活费用以及拿学分，如表 9 – 1 所示。这时可以考虑使用因子分析，找出共性因子变量，从而简化假设模型。

表 9 – 1　实习目标的重要程度

样本	累积经验	提高能力	增加简历分量	学会处理人际关系	赚取生活费用	拿学分
1	5	5	4	4	2	3
2	5	5	5	5	3	3
3	5	5	5	5	2	5

思考题 1：什么是多重共线性？

9.1.1 主要类型

（1）探索性因子分析（Exploratory Factor Analysis），通常简称因子分析，是一项用来找出多元观测变量的本质结构，并进行处理降维的技术，多用于数据分析的初期阶段。

（2）验证性因子分析（Confirmatory Factor Analysis），是在探索性因子分析的基础上进一步确定每一个潜在因子对可观测量的影响程度，以及了解这些潜在因子之间的关联程度。

9.1.2 主要概念

（1）共同因子（Common Factors）：又称公因子，是各个原始变量所共有的因子，用于解释变量之间的相关关系。

（2）唯一因子（Unique Factors）：又称特殊因子，是每个原始变量所特有的因子，表示该变量不能被共同因子解释的部分。

（3）因子载荷（Factor Loadings）：指的是原始变量与因子分析时抽出的共同因子的相关关系。载荷量为 0.3 或更大便被认为有意义。

（4）变量共同度（Communality）：又称共同性或公因子方差，表明原始变量方差中能被共同因子解释的部分。共同度的值在 0 至 1 之间，其值越大，变量能被因子说明的程度越高，即因子可解释该变量的方差越多。

（5）因子的方差贡献（Eigenvalue）：又称特征值，反映了因子对原有变量总方差的解释能力。该值越高，说明相应因子的重要性越高。

9.1.3 使用条件

应用因子分析时，数据应当满足以下几个条件：

（1）变量呈正态分布、方差齐性；

（2）因子分析的变量是连续变量，符合线性关系假设；

（3）随机取样并具有一定规模，即样本数最少是变量数的 5 倍，或不少于 300；

（4）原始变量之间必须具有一定程度的相关性。

9.1.4 因子分析的基本过程

（1）观测数据是否适合做因子分析。

SPSS 中经常采用的方法为巴特利特球形检验（Bartlett Test of Sphericity）和 KMO 检验（Kaiser-Meyer-Olkin Measure of Smapling Adequacy）。

Bartlett 球形检验的目的是检验相关矩阵是否是单位矩阵（Identity Matrix），如果是单位矩阵，则认为因子模型不合适。Bartlett 球形检验的虚无假设为相关矩阵是单位阵，如果不能拒绝该假设，就表明数据不适合用于因子分析。一般说来，显著水平值越小（$P < 0.05$），表明原始变量之间的相关矩

阵不可能是单位矩阵，即原始变量之间存在相关性，适合做因子分析。

KMO 是 Kaiser-Meyer-Olkin 的取样适当性量数。KMO 测度的值越高（接近 1.0 时），表明变量间的共同因子越多，研究数据适合用因子分析。通常按以下标准解释该指标值的大小：KMO 值达到 0.9 以上为非常好，0.8 ~ 0.9 为好，0.7 ~ 0.8 为一般，0.6 ~ 0.7 为差，0.5 ~ 0.6 为很差。如果 KMO 测度的值低于 0.5 时，不适宜做因子分析。

（2）抽取共同因子和确定因子数目。

将原有变量综合成少数几个因子是因子分析的核心内容。抽取共同因子的方法以主成分分析法使用最为普遍。

因子数目的确定没有精确的定量方法，但常用的方法是借助两个准则来确定因子的个数。一是特征值（Eigenvalue）准则，二是碎石图检验（Scree test）准则。特征值准则就是选取特征值大于或等于 1 的主成分作为初始因子，而放弃特征值小于 1 的主成分。碎石图检验准则是根据因子被提取的顺序绘出特征值随因子个数变化的散点图，根据图的形状来判断因子的个数。

（3）旋转因子与解释因子。

通常最初因素被抽取后，对因素无法做有效的解释。这时往往需要进行因子旋转（Rotation），通过坐标变换使因子的意义更容易解释。常用的方法是最大变异法（Varimax）。该方法是在旋转时尽量弄清楚在每一个因子上各个变量的因子负荷情况，即让因子矩阵中每一列的 α 的值尽可能变成 1 或 0，从而帮助找出多个因子，以澄清概念的内容。

但如果运用最大变异法得出因子间的相关系数较高（绝对值 >0.300），则表明因子与因子之间有某种程度相关，并非独立，此时最好采用斜交旋转法。在斜交旋转法中，常用于社会科学研究的方法是直接斜交旋转法（Direct Oblimin）。

（4）选取具有较大解释量的因子与存储数据。

转轴后要决定因子数目，可选取具有较大解释量的因子。同时，可将因子计算后之分数存储作为其他程序分析的输入变量。

（5）因子命名与结果解释。

（6）对因子进行信度分析。

为了检验因子分析结果的可靠性，需要进行信度分析。克朗巴赫系数（Cronbach's α 或 Cronbach's Alpha）是测量信度的一种常用方法。在一般探索性研究中，Cronbach's $\alpha \geqslant 0.70$ 时，属于高信度；$0.35 \geqslant$ Cronbach's α，或 Cronbach's <0.70 时，属于尚可；Cronbach's $\alpha < 0.35$ 时为低信度。

9.2 因子分析在SPSS中的应用

9.2.1 实例分析与SPSS操作

为了解大学生实习效果的影响因素，某高校要求大四学生评估以下六个实习目标的重要程度（1 = 不重要，5 = 很重要）：累积经验、提高能力、增加简历分量、学会处理人际关系、赚取生活费用以及拿学分。试用因子分析找出共性因子变量。数据如表9－2所示。

表9－2 实习目标的重要程度

样本	累积经验	提高能力	增加简历分量	学会处理人际关系	赚取生活费用	拿学分
1	5	5	4	4	2	3
2	5	5	5	5	3	3
3	5	5	5	5	2	5
4	5	5	5	5	5	3
5	4	4	4	4	4	4
6	5	5	5	5	4	5
7	5	5	5	5	5	3
8	5	5	5	5	4	5
9	5	5	5	4	4	4
10	4	5	4	5	3	3
11	4	5	4	5	2	2
12	5	5	4	5	4	4
13	5	5	5	5	3	3
14	5	4	4	4	3	3
15	5	5	4	5	4	3
16	5	5	5	5	4	5
17	5	5	3	4	4	4
18	5	5	3	4	4	4
19	5	5	4	5	4	5
20	5	5	4	5	4	5
21	3	3	3	4	3	4
22	4	3	3	4	2	3
23	5	5	4	5	4	4
24	5	5	3	5	3	4
25	5	5	4	5	3	5
26	5	4	5	4	5	5
27	5	5	4	5	3	5
28	5	5	4	5	4	4
29	4	4	5	5	5	5
30	4	4	4	4	1	2

具体操作步骤如下：

步骤 1：输入数据。

（1）定义变量：如图 9－1 所示，新建一个 SPSS 文档，点击【Variable View】，将变量名【Name】分别设为“累积经验”、“提高能力”、“增加简历分量”、“学会处理人际关系”、“赚取生活费用”以及“拿学分”，小数点【Decimals】都设为“0”，完成后按【OK】。

（2）输入数据：点击【Data View】，如图 9－2 所示，将“累积经验”、“提高能力”、“增加简历分量”、“学会处理人际关系”、“赚取生活费用”以及“拿学分”这六个指标录入相应的数据栏中。

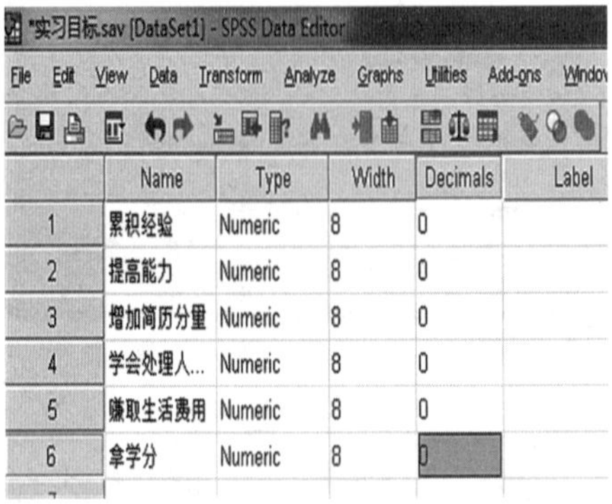

图 9－1　定义变量

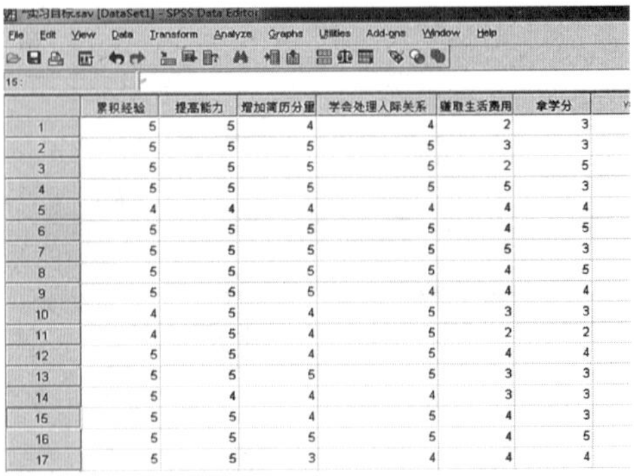

图 9－2　输入数据

步骤 2：进行因子分析。

（1）找到因子分析：在菜单栏上单击【Analyze】，从下拉菜单中选取【Data Reduction】，再从级联菜单中选取【Factor...】项，弹出【Factor Analysis】对话框，如图 9－3 所示。

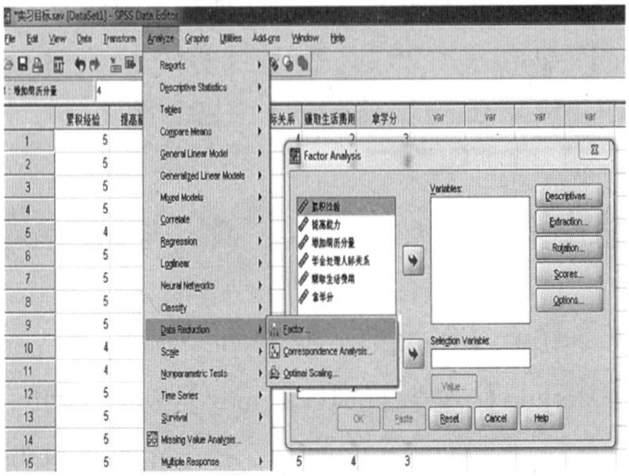

图 9－3　因子分析菜单

（2）指定变量：将左侧的六个变量放入右侧【Variables】变量列表中，单击箭头按钮，结果如图 9－4 所示。

（3）检验数据是否适合做因子分析：单击【Descriptives...】按钮，弹出【Factor Analysis：Descriptives】对话框，选择【Initial solution】和【KMO and Bartlett's test of sphericity】，如图 9－5 所示，完成后单击【Continue】按钮返回图 9－4。

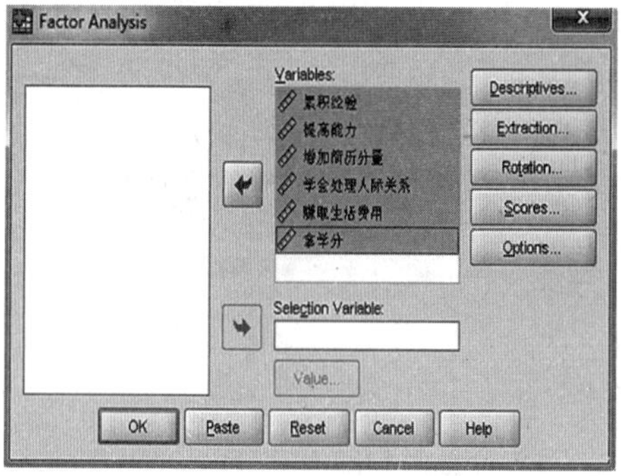

图 9－4　【Factor Analysis】对话框

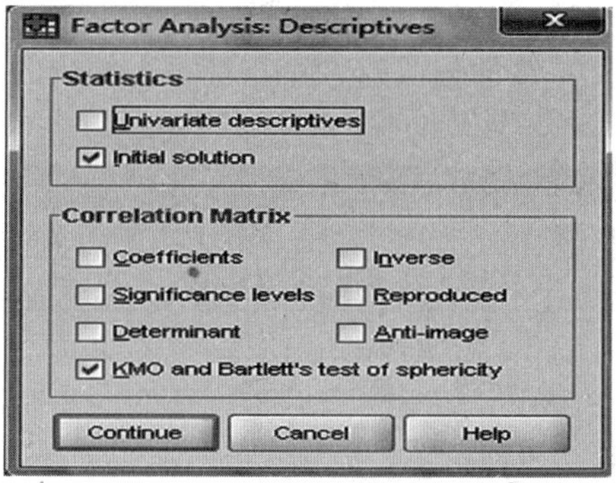

图 9－5　【Factor Analysis：Descriptives】对话框

思考题 2：【KMO and Bartlett's test of sphericity】的作用是什么？

步骤 3：进行主效应分析。

（1）抽取共同因子和确定因子数目：单击【Extraction...】按钮，弹出【Factor Analysis：Extraction】对话框。在【Method】中选择【Principal components】（主成分）；在【Analyze】中选择【Correlation matrix】，显示相关矩阵；在【Display】中选择【Unrotated factor solution】，显示非旋转因子；在【Extract】中选择【Eigenvalues over：1】（特征根大于 1）；在【Maximum Iterations for Convergence】中填入“25”，表明计算时最大迭代次数为 25，如图 9－6 所示。完成单击【Continue】按钮返回图 9－4。

思考题 3：选择【Eigenvalues over：1】的作用是什么？

（2）旋转因子：单击【Rotation...】按钮，弹出【Factor Analysis：Rotation】对话框。在【Method】中选择【Varimax】进行旋转；在【Display】中选择【Rotated solution】（旋转因子载荷）；在【Maximum Iterations for Convergence】中填入“25”，表明计算时最大迭代次数为 25，如图 9－7 所示。完成

后单击【Continue】按钮返回图 9 -4。

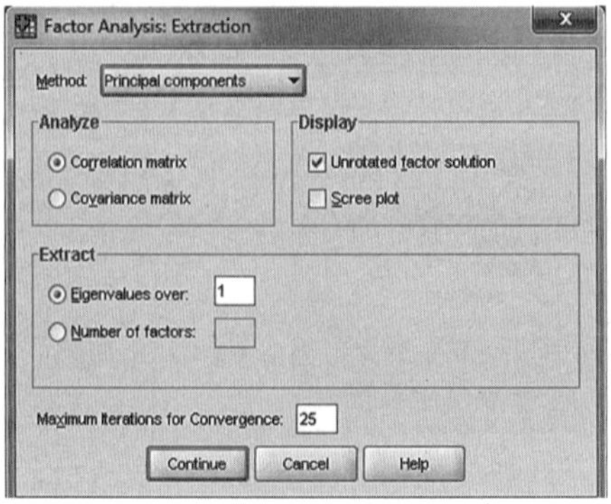

图 9 -6　【Factor Analysis：Extraction】对话框

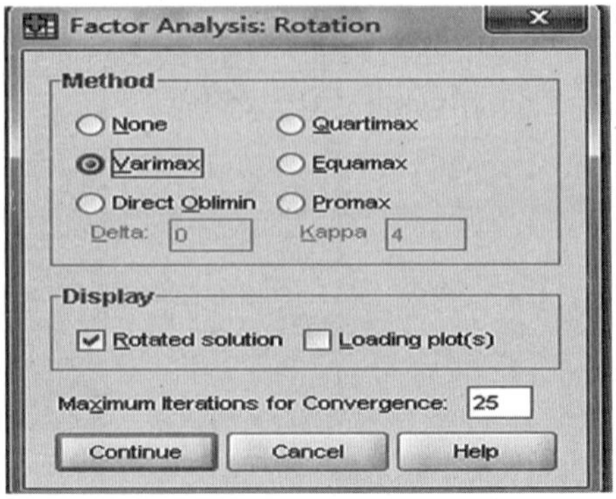

图 9 -7　【Factor Analysis：Rotation】对话框

（3）选取较大解释量的因子与存储数据：单击图 9 -4 所示的对话框中的【Scores...】按钮，弹出【Factor Analysis：Factor Scores】对话框。选择【Save as variables】，表明将计算出的因子得分作为新变量加入数据文件；在【Method】中选择【Regression】；勾选【Display factor score coefficient matrix】，显示因子得分系数矩阵，如图 9 -8 所示。单击【Continue】按钮返回图 9 -4。

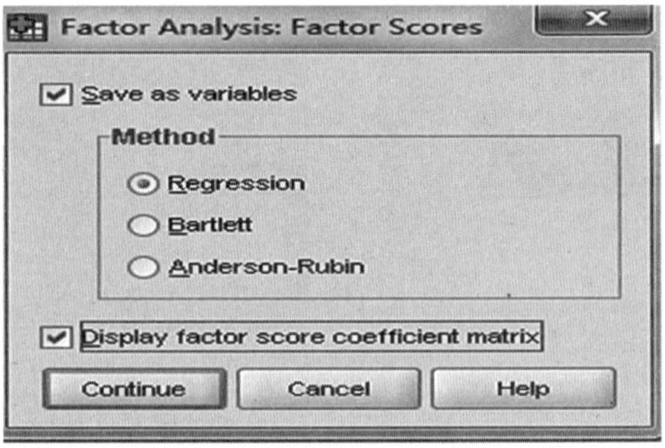

图 9 -8　【Factor Analysis：Factor Scores】对话框

（4）按【OK】按钮完成。

步骤 4：进行信度分析。

（1）找到信度分析：在菜单栏上单击【Analyze】，从下拉菜单中选取【Scale】，在级联菜单上选取【Reliability Analysis...】项，弹出【Reliability Analysis】对话框，如图 9 -9 所示。

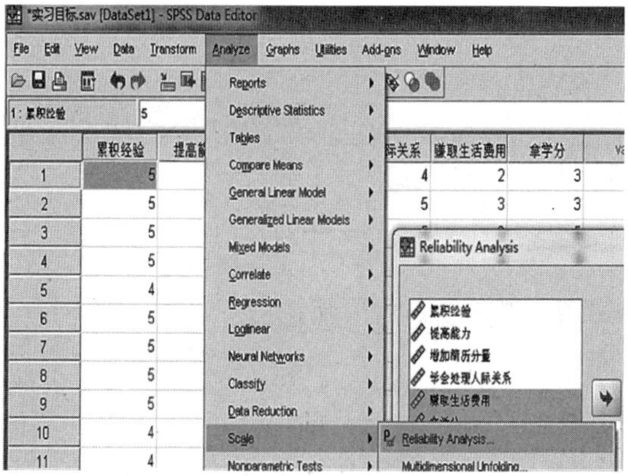

图 9-9　找到信度分析

（2）对因子 1 进行信度分析：将因子 1 支配的变量（包括累积经验、提高能力、增加简历分量以及学会处理人际关系）从左侧的变量列表选入右侧的【Items】变量列表，单击箭头按钮，默认选择【Model】后的【Alpha】，完成后按【OK】，如图 9-10 所示。

（3）对因子 2 进行信度分析：将因子 2 支配的变量（包括赚取生活费用和拿学分）从左侧的变量列表选入右侧的【Items】变量列表，单击箭头按钮，默认选择【Model】后的【Alpha】，完成后按【OK】，如图 9-11 所示。

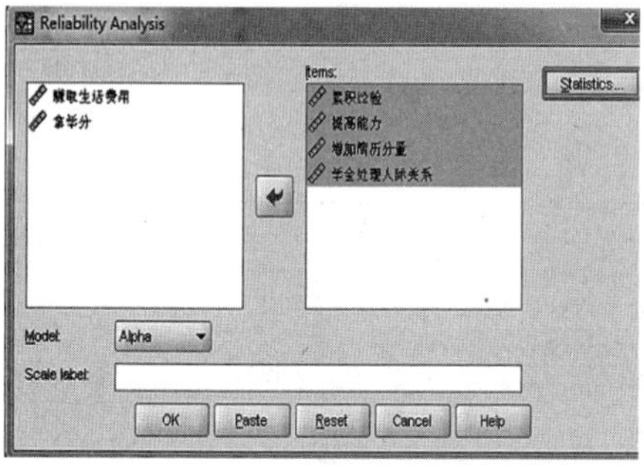

图 9-10　对因子 1 进行信度分析

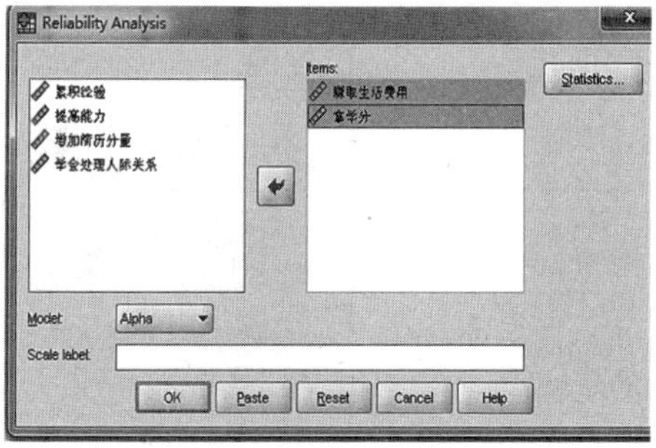

图 9-11　对因子 2 进行信度分析

9.2.2　结果与分析

（1）因子分析结果。

①KMO 和 Bartlett 球体检验。如表 9-3 所示，KMO 值为 0.574，这表明变量间的共同因子较多，数据比较适合采用因子分析。同时，Bartlett 球形检验的值为 53.377 且显著水平 $P<0.01$，这表明原始变量之间存在有意义的关系，数据非常适合用于做因子分析。

表 9－3 KMO 和 Bartlett 球形检验结果（KMO and Bartlett's Test）

Kaiser-Meyer-Olkin Measure of Sampling Adequacy.		.574
Bartlett's Test of Sphericity	Approx. Chi-Square	53.377
	df	15
	Sig.	.000

思考题 4：KMO 值为多少时表明数据适合用因子分析？

②主成分分析。如表 9－4 所示，前两个主成分的特征值大于 1，累积贡献率为 64.769%，表明约 64.8% 的总方差可以由两个潜在因子解释。

表 9－4 主成分分析（Total Variance Explained）

Component	Initial Eigenvalues			Extraction Sums of Squared Loadings			Rotation Sums of Squared Loadings		
	Total	% of Variance	Cumulative %	Total	% of Variance	Cumulative %	Total	% of Variance	Cumulative %
1	2.725	45.419	45.419	2.725	45.419	45.419	2.316	38.601	38.601
2	1.161	19.350	64.769	1.161	19.350	64.769	1.570	26.168	64.769
3	.804	13.399	78.168						
4	.657	10.950	89.118						
5	.496	8.267	97.385						
6	.157	2.615	100.000						

③公因子方差比。如表 9－5 所示，每一个指标变量的共性方差均在 0.3 以上，表明这两个公因子能够较好地反映原指标变量的大部分信息。

表 9－5 公因子方差比（Communality）

	Initial	Extraction
累积经验	1.000	.649
提高能力	1.000	.862
增加简历分量	1.000	.392
学会处理人际关系	1.000	.578
赚取生活费用	1.000	.713
拿学分	1.000	.692

④正交旋转阵。表 9 - 6 为通过最大变异法进行旋转得到的正交旋转阵。

表 9 - 6 正交旋转阵（Component Transformation Matrix）

Component	1	2
1	.859	.511
2	-.511	.859

⑤确定因子数目。通过最大变异法旋转后，得到了六个指标在两个因子上的新的因子载荷（见表 9 - 7）。这两个潜在因子之间没有交叉支配，即每个指标只受一个潜在因子影响；且没有单指标潜在因子出现，即一个潜在因子至少支配两个指标。

⑥因子命名与结果解释。如表 9 - 7 所示，因子 1 支配的指标有累积经验、提高能力、增加简历分量以及学会处理人际关系；因子 2 支配的指标有赚取生活费用和拿学分。故可以认为，因子 1 反映了实习可以提高个人能力和增加工作的经验及经历，可命名为“积累能力和工作经验”；因子 2 反映了实习可以获得一定的报酬和实习学分，可命名为“取得报酬和实习学分”。

表 9 - 7 旋转的因子载荷阵（Rotated Component Matrix）

	Component	
	2	1
累积经验	.766	.248
提高能力	.929	-.003
增加简历分量	.512	.360
学会处理人际关系	.751	.122
赚取生活费用	.184	.824
拿学分	.087	.827

⑦存储数据文件：图 9 - 12 所示为将通过旋转后计算出的每条记录的两个因子得分作为新变量自动存储到原始数据文件中。FAC1_1 为第一因子得分，FAC2_1 为第二因子得分。根据这些得分，可了解各观察对象的潜在本质。

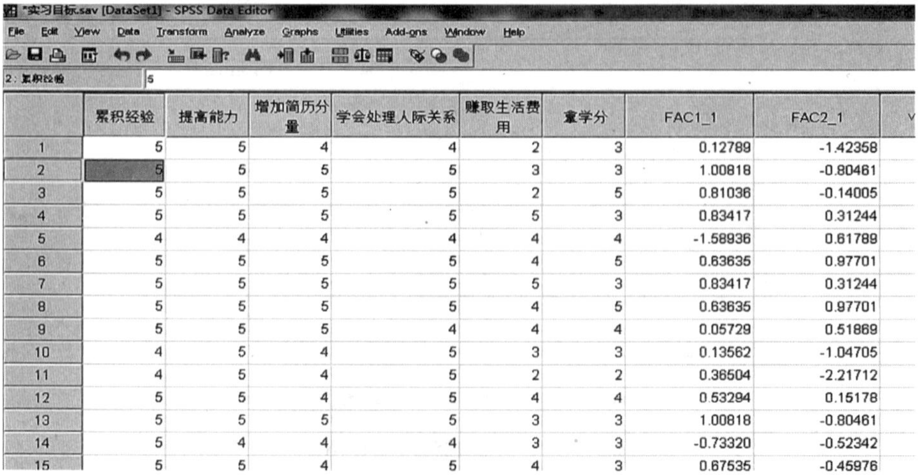

*实习目标.sav [DataSet1] - SPSS Data Editor

File Edit View Data Transform Analyze Graphs Utilities Add-ons Window Help

2：累积经验 5

	累积经验	提高能力	增加简历分量	学会处理人际关系	赚取生活费用	拿学分	FAC1_1	FAC2_1
1	5	5	4	4	2	3	0.12789	-1.42358
2	5	5	5	5	3	3	1.00818	-0.80461
3	5	5	5	5	2	5	0.81036	-0.14005
4	5	5	5	5	5	3	0.83417	0.31244
5	4	4	4	4	4	4	-1.58936	0.61789
6	5	5	5	5	4	5	0.63635	0.97701
7	5	5	5	5	5	3	0.83417	0.31244
8	5	5	5	5	4	5	0.63635	0.97701
9	5	5	5	4	4	4	0.05729	0.51869
10	4	5	4	5	3	3	0.13562	-1.04705
11	4	5	4	5	2	2	0.36504	-2.21712
12	5	5	4	5	4	4	0.53294	0.15178
13	5	5	5	5	3	3	1.00818	-0.80461
14	5	4	4	4	3	3	-0.73320	-0.52342
15	5	5	4	5	4	3	0.67535	-0.45976

图 9－12 存储的数据文件

（2）信度分析结果。

信度检验的结果：如表 9－8 和表 9－9 所示，因子 1 和因子 2 的 Cronbach's Alpha 值分别为 0.748 和 0.616，表明两个因子的信度均较高。

表 9－8 因子 1 的信度检验结果（Reliability Statistics）

Cronbach's Alpha	N of Items
.748	4

表 9－9 因子 2 的信度检验结果（Reliability Statistics）

Cronbach's Alpha	N of Items
.616	2

思考题 5：Cronbach's α 值为多少时表明信度较好？

（3）因子分析与信度分析结果的综合。

表 9－10 是根据以上检验结果整理而成的因子分析表。

表 9－10　整理后的因子分析表

	因子载荷		Cronbach's Alpha
	因子 1	因子 2	
累积经验	.766		.748
提高能力	.929		
增加简历分量	.512		
学会处理人际关系	.751		
赚取生活费用		.824	.616
拿学分		.827	
特征值	2.725	1.161	
因子贡献率	45.419%	19.350%	64.769%

练习题

1. 某高校要求大四学生评估实习单位提供以下条件的情况（1＝很少，5＝很多）：专业知识的应用、自主发挥的机会、继续深造的机会、良好的办公环境、适中的工作安排以及合理的津贴和待遇，如表 9－11 所示。试用因子分析找出共性因子变量。

表 9－11　实习单位所提供条件的数量

样本	专业知识的应用	自主发挥的机会	继续深造的机会	良好的办公环境	适中的工作安排	合理的津贴和待遇
1	3	3	2	4	4	4
2	3	5	1	2	4	3
3	3	3	3	5	5	5
4	4	4	4	4	4	4
5	3	3	3	3	3	3
6	4	4	3	4	5	3
7	4	4	4	3	3	3
8	2	4	2	4	3	3
9	3	3	3	3	3	3
10	4	3	3	4	4	4
11	4	4	3	4	5	4
12	3	3	3	4	4	4
13	4	4	2	3	3	2
14	2	2	2	3	3	3

（续上表）

样本	专业知识的应用	自主发挥的机会	继续深造的机会	良好的办公环境	适中的工作安排	合理的津贴和待遇
15	2	4	3	4	3	3
16	3	3	2	3	3	3
17	3	4	3	3	3	2
18	3	4	3	3	3	2
19	3	3	3	4	4	4
20	3	3	3	4	4	4
21	1	3	1	3	4	3
22	2	2	3	3	4	3
23	2	3	3	4	4	3
24	4	4	3	3	3	3
25	3	5	5	5	5	4
26	4	4	3	5	4	4
27	3	5	3	5	5	3
28	2	4	3	5	4	4
29	3	3	3	4	4	4
30	2	3	2	3	3	3

2. 某高校要求大四学生评估实习前的准备工作（1 = 很少，5 = 很多）。如表 9 – 12 所示，试用因子分析找出共性因子变量。

表 9 – 12　实习前的准备工作

样本	搜集实习单位的资料	咨询别人意见	查阅关于实习工作的资料	参加一些培训班	向实习单位的师兄师姐请教
1	4	3	4	1	1
2	3	4	4	1	3
3	4	4	3	4	2
4	2	3	3	3	3
5	3	3	3	3	3
6	4	4	2	2	2
7	3	3	3	3	3
8	3	3	3	1	4
9	4	4	4	1	1
10	4	4	4	1	1
11	3	5	5	2	4
12	3	4	3	3	4
13	5	5	5	1	3

（续上表）

样本	搜集实习单位的资料	咨询别人意见	查阅关于实习工作的资料	参加一些培训班	向实习单位的师兄师姐请教
14	3	3	3	2	4
15	4	4	3	3	3
16	3	4	3	1	4
17	2	2	1	1	1
18	2	2	1	1	1
19	4	4	4	3	3
20	4	4	4	3	3
21	3	3	3	1	2
22	2	4	4	2	4
23	5	4	5	1	1
24	2	2	1	1	1
25	5	5	5	2	4
26	3	3	2	1	3
27	4	5	5	2	5
28	3	4	4	2	3
29	4	3	3	1	3
30	4	4	4	4	4

思考题参考答案

1. 多重共线性是指线性回归模型中的自变量之间由于存在精确相关关系或高度相关关系而使模型估计失真或难以估计准确。

2. 【KMO】和【Bartlett's test of sphericity】都是用来判断研究数据是否适合进行因子分析的参考指标。

3. 特征值（Eigenvalue）准则是用来确定因子个数的，即选取特征值大于或等于 1 的主成分作为初始因子，而放弃特征值小于 1 的成分。

4. KMO 测度的值越高（接近 1.0 时），表明研究数据变量间的共同因子越多，研究数据适合用因子分析。通常按以下标准解释该指标值的大小：KMO 值达到 0.9 以上为非常好，0.8 ~ 0.9 为好，0.7 ~ 0.8 为一般，0.6 ~ 0.7 为差，0.5 ~ 0.6 为很差。如果 KMO 测度的值低于 0.5 时，表明研究数据不适合做因子分析。

5. 在一般探索性研究中，Cronbach's $\alpha \leqslant 0.70$ 时，属于高信度；$0.35 \leqslant$ Cronbach's $\alpha < 0.70$ 时，属于尚可；Cronbach's $\alpha < 0.35$ 时为低信度。

练习题答案

1. 如表 9－13 所示，因子分析提取到的两个因子（KMO 值为 0.649，Bartlett 球形检验的值为 314.444，且 $P<0.001$，共解释了总方差的 68.302%），可分别命名为“知识运用与自主发挥的机会”和“工作安排与福利待遇”，Cronbach's Alpha 值分别为 0.748 和 0.616，表明各构面的信度较高。

表 9－13　整理后的因子分析表

	因子载荷		Cronbach's Alpha
	因子 1	因子 2	
专业知识的应用		.786	.748
自主发挥的机会		.793	
继续深造的机会		.585	
良好的办公环境	.875		.616
适中的工作安排	.812		
合理的津贴和待遇	.897		
特征值	2.695	1.403	
因子贡献率	44.924%	23.378%	68.302%

2. 如表 9－14 所示，因子分析提取到两个因子（KMO 值为 0.660，Bartlett 球形检验的值为 67.401，且 $P<0.001$，共解释了总方差的 78.551%），可分别命名为“搜集实习单位和工作内容的资料”与“参加培训班和向学长请教”，Cronbach's Alpha 值分别为 0.874 和 0.550，表明各构面的信度较高。

表 9－14　整理后的因子分析表

	因子载荷		Cronbach's Alpha
	因子 1	因子 2	
搜集实习单位的资料	.878		.874
咨询别人意见	.877		
查阅关于实习工作的资料	.904		
参加一些培训班		.830	.550
向实习单位的师兄师姐请教		.805	
特征值	2.703	1.225	
因子贡献率	54.056%	24.495%	78.551%

实验十
回归分析能力的训练

在实验八和实验九，我们分别讨论了相关分析和因子分析在 SPSS 中的使用，前者可以分析变量之间关系的方向和紧密程度，后者则可以有效地减少观测变量的数目。但它们不能说明变量之间的因果关系，且相关分析中的虚假相关有可能导致错误结论。例如，教师工资与学生高考成绩存在较高的相关系数，但不能证明教师工资的提高是学生成绩提高的原因。

回归分析可解决以上问题，它是相关分析的延续与深入。本实验先介绍回归分析的基本原理，然后训练学生使用 SPSS 进行一元线性回归分析和多元线性回归分析，通过实例分析掌握回归分析的操作技能。

10.1 回归分析概述

社会各种现象之间的相关关系往往难以用确定性的函数关系来描述，它们大多是随机性的，要通过统计观察才能找出其中的规律。回归分析是利用统计学原理描述随机变量间相关关系的一种重要方法，它能够确定两种或两种以上变量间相互依赖的定量关系，以回归方程的形式描述一个因素对另一个因素的影响大小，并利用回归方程进行数量上的预测和控制。

例如，我们要了解学生每周英语报纸阅读量对语法填空题正确率的影响，可以通过一元线性回归方程来分析两个变量的因果关系，检验每周的报纸阅读量能否促进语法填空题的正确率。

表 10－1　阅读量对语法填空题正确率的影响

学生	阅读量（字数）	语法填空题正确率（%）
A	3500	61.00
B	4200	78.00
C	1400	24.00
D	2100	32.00
E	5600	82.00
F	7300	95.00

思考题1：回归分析与相关分析有什么关系？

10.1.1　回归分析的主要类型

（1）根据变量之间相关关系的表现形式，可分为：

●线性回归分析：变量之间的相关关系是线性关系。

●非线性回归分析：变量之间的相关关系是非线性关系，如曲线关系。

（2）根据影响因变量的自变量的多少，可分为：

●一元回归分析：研究一个因变量与一个自变量之间线性依存关系的统计方法。

●多元回归分析：研究一个因变量与多个自变量之间线性依存关系的统计方法。

10.1.2　回归分析的基本过程

（1）确定自变量、因变量。

（2）绘制散点图，考察数据是否满足线性趋势。

（3）分析相关系数，考察线性相关关系。

（4）对回归模型进行各种检验，如方差检验。

（5）确定回归模型，建立回归方程。

（6）分析回归系数，确定预测因子的贡献性。

10.1.3　使用条件

应用线性回归分析时，数据应当满足以下几个条件：

（1）线性趋势，即自变量与因变量的关系是线性的；

（2）独立性，即因变量 y 的取值相对独立，不存在自相关；

（3）正态性，即自变量的任何一个线性组合，y 应该服从正态分布；

（4）方差齐性，即自变量的任何一个线性组合，y 的方差均相同，且残差方差也齐性。

10.2　一元线性回归分析在SPSS中的应用

10.2.1　实例分析与SPSS操作

某教师调查本班学生每周英语报纸阅读量与语法填空题正确率之间的关系，数据见表10－2。请用一元线性回归分析方法解释语法填空题正确率如何受到每周英语报纸阅读量的影响。

表 10－2　阅读量与语法填空题正确率

学生	阅读量（字数）	语法填空题正确率（%）	学生	阅读量（字数）	语法填空题正确率（%）
1	1100	32.00	16	5900	85.00
2	2500	45.00	17	6800	88.00
3	3400	55.00	18	7400	92.00
4	4500	65.00	19	7300	93.00
5	4500	65.00	20	7500	95.00
6	5000	70.00	21	1500	35.00
7	5200	72.00	22	2600	36.00
8	5400	73.00	23	2400	44.00
9	4500	75.00	24	2600	46.00
10	5600	75.00	25	2700	47.00
11	5400	76.00	26	4800	68.00
12	5900	79.00	27	4200	62.00
13	5800	78.00	28	4300	63.00
14	6200	82.00	29	3600	56.00
15	6500	85.00	30	3800	58.00

具体操作步骤如下：

步骤 1：输入数据。

（1）定义变量：新建一个 SPSS 文档，点击【Variable View】，将变量名【Name】分别设为“student”、“reading”和“correct_ rate”，其中“correct_ rate”的小数点【Decimals】设为“2”，如图 10－1 所示。

（2）输入数据：点击【Data View】，将“student”、“reading”和“correct_ rate”的数据录入相应的数据栏中，如图 10－2 所示。

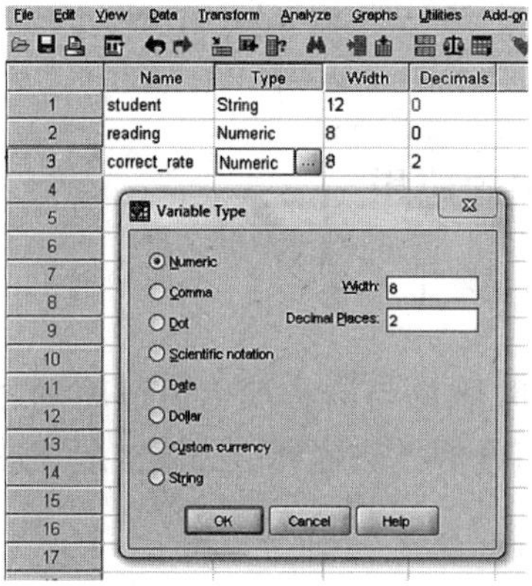

图 10－1　定义变量

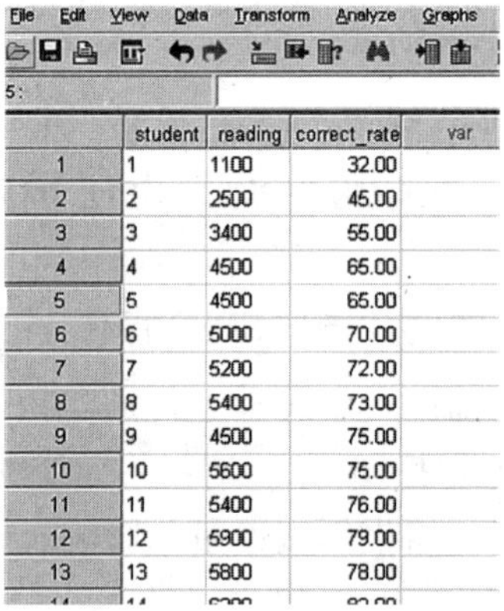

图 10－2　输入数据

步骤 2：绘制散点图，观察变量间的趋势。

（1）找到散点图：如图 10－3 所示，单击【Graphs】，在【Legacy Dialogs】的下拉菜单上选取【Scatter/Dot...】。在打开的【Scatter/Dot】对话框中选择【Simple Scatter】后单击【Define】，如图 10－4 所示。

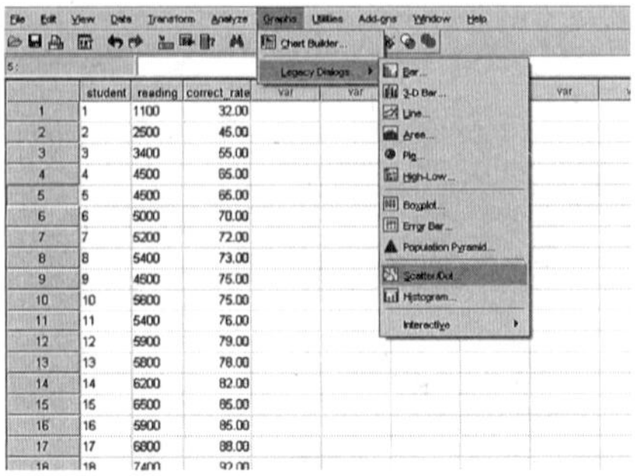

图 10－3　【Graphs】菜单

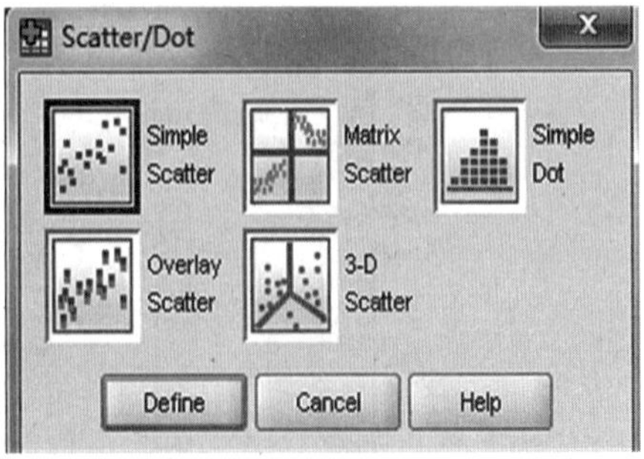

图 10－4　【Scatter/Dot】对话框

（2）在弹出的【Simple Scatterplot】对话框中选择“correct_ rate”为散点图的 y 轴、“reading”为 x 轴后，如图 10－5 所示，单击【OK】按钮。

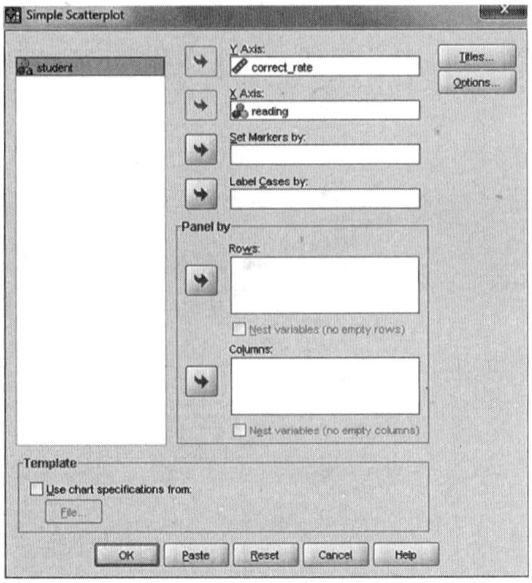

图 10－5　【Simple Scatterplot】对话框

思考题 2：散点图有什么作用？

步骤 3：构建回归模型。

（1）找到回归分析：在菜单栏上单击【Analyze】，从下拉菜单中选【Regression】，再在级联菜单上选取【Linear...】项，如图 10 - 6 所示，弹出【Linear Regression】对话框。

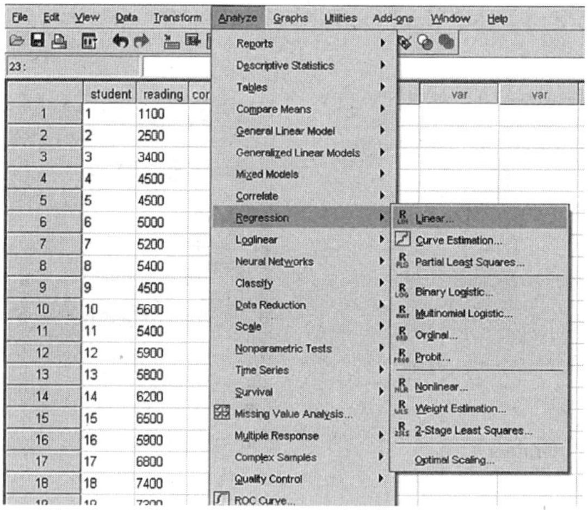

图 10 - 6 【Analyze】菜单

（2）指定变量：在左侧的变量列表中选择因变量【correct_ rate】，单击箭头按钮，将其选入到【Dependent】的变量列表中，然后将自变量【reading】选入到【Independent（s）】中。【Method】一栏默认选择【Enter】方法，如图 10 - 7 所示。

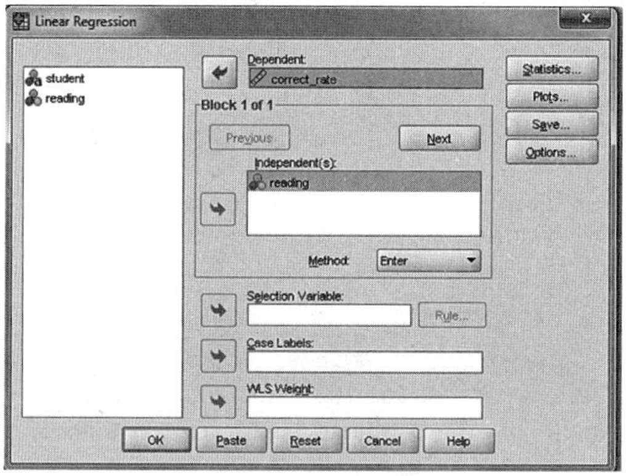

图 10 - 7 【Linear Regression】对话框

（3）设置回归系数：单击图 10 - 7 所示的【Statistics...】按钮，打开如图 10 - 8 所示的对话框，勾选【Estimates】、【Model fit】、【R squared change】检验后单击【Continue】返回图 10 - 7。

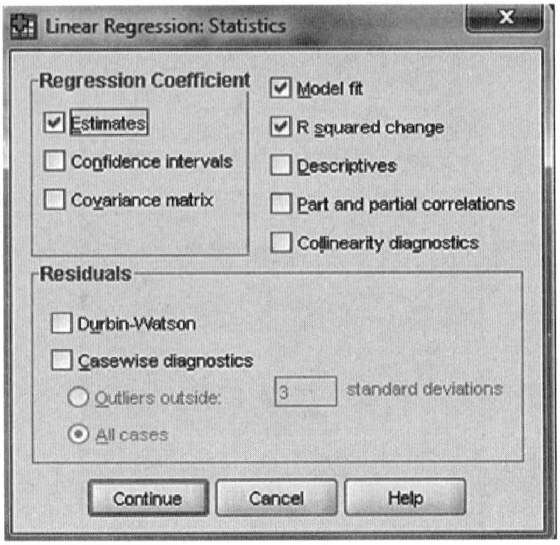

图 10－8　【Linear Regression：Statistics】对话框

（4）进行正态性检验：单击图 10－7 中的【Plots...】，选择【Normal probability plot】，如图 10－9 所示，单击【Continue】返回。

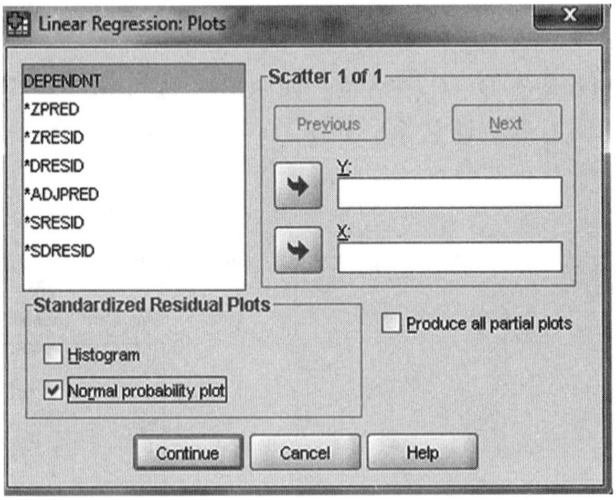

图 10－9　【Linear Regression：Plots】对话框

（5）保存设置：单击图 10－7 中的【Save...】按钮，打开如图 10－10 所示的对话框，可在此对话框把回归分析的结果保存到 SPSS 数据编辑窗口的变量中，或某个 SPSS 的数据文件。勾选【Predicted Values】下的【Unstandardized】以及【Prediction Intervals】中的【Individual】后单击【Continue】返回图 10－7，点击【OK】完成。

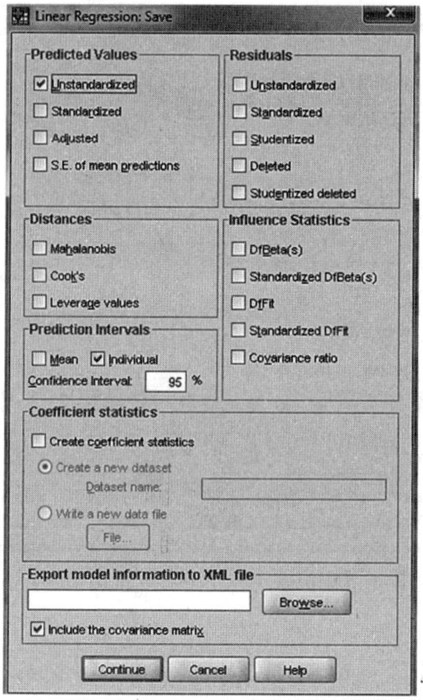

图 10－10　【Linear Regression：Save】对话框

10.2.2　结果与分析

（1）散点图和正态 Q－Q 图结果：如图 10－11 所示，表明阅读量与正确率之间存在较为明显的线性关系。如图 10－12 所示，散点基本成线性趋势，可以认为因变量服从正态分布。这些图形表明数据满足回归分析的条件。

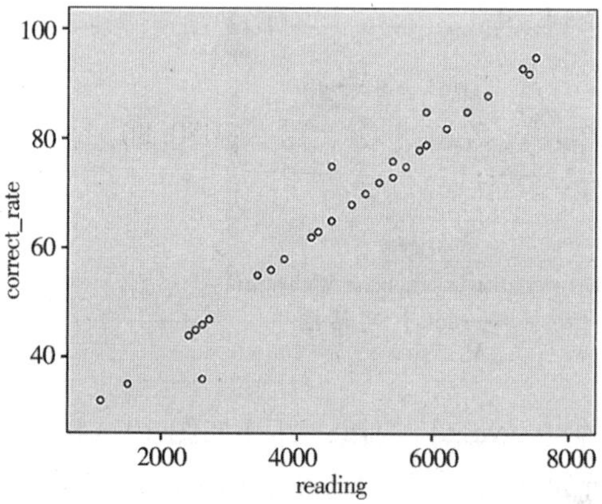

图 10－11　散点图

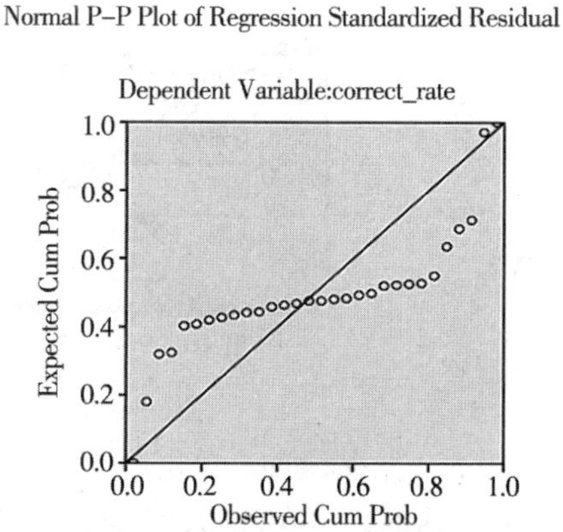

图 10－12　正态 Q－Q 图

（2）进入/退出回归模型的变量：如表 10－3 所示，线性回归中只有一个自变量【reading】，并且采取强行进入方法，所以只出现一个模型。

表 10 – 3 进入/退出回归模型的变量（Variable Entered/Removed[b]）

Model	Variables Entered	Variables Removed	Method
1	reading[a]		Enter

a. All requested variables entered.

b. Dependent Variable: correct_rate.

（3）回归模型汇总结果：如表 10 – 4 所示，模型 1 中相关系数 R 为 0.987，决定系数 R Square（R^2）为 0.974，调整后的决定系数 Adjusted R Square（R^2_{adj}）为 0.973。这些数据表明，因变量正确率与自变量报纸阅读量之间存在线性相关关系，语法填空题正确率 97.3% 的变异可以由阅读量来解释。

表 10 – 4 回归模型汇总（Model Summary[b]）

Model	R	R Square	Adjusted R Square	Std. Error of the Estimate	Change Statistics				
					R Square Change	F Change	$df1$	$df2$	Sig. F Change
1	.987[a]	.974	.973	2.951	.974	1050.809	1	28	.000

a. Predictors: (Constant), reading.

b. Dependent Variable: correct_rate.

思考题 3：决定系数 R^2 和调整后的 R^2_{adj} 的作用各是什么？

（4）回归模型方差分析结果：如表 10 – 5 所示，F 值为 1 050.80，显著性概率 P 值为 0.000，表明拟合的模型是有统计学意义的。

表 10 – 5 方差分析表（ANOVA[b]）

Model		Sum of Squares	df	Mean Square	F	Sig.
1	Regression	9151.644	1	9151.644	1050.80	.000[a]
	Residual	243.856	28	8.709		
	Total	9395.500	29			

a. Predictors: (Constant), reading.

b. Dependent Variable: correct_rate.

（5）回归系数结果：如表 10－6 所示，在非标准化系数中，Constant 常数项为 19.354，自变量阅读量系数为 0.010，由此可知回归方程为：y（正确率）＝19.354＋0.01x（阅读量）。在标准化系数中，可以看到预测因子贡献性的指标，阅读量的贡献性为 0.987。t 检验表明，自变量回归系数 t 值为 32.416，显著性水平相伴概率为 0.000（$P<0.01$），说明了两个变量之间的线性相关关系显著，阅读量是一个显著的预测源。

表 10－6　回归系数表（Coefficients[a]）

Model		Unstandardized Coefficients		Standardized Coefficients	t	Sig.
		B	Std. Error	Beta		
1	(Constant)	19.354	1.551		12.479	.000
	reading	.010	.000	.987	32.416	.000

a. Dependent Variable: correct_rate.

（6）残差统计结果：如表 10－7 所示，残差的最小值为－9.829，最大值为 9.824，均值为 0.000，这说明模型的拟合效果是不错的。

表 10－7　残差分析（Residuals Statistics[a]）

	Minimum	Maximum	Mean	Std. Deviation	N
Predicted Value	30.56	95.72	66.50	17.764	30
Std. Predicted Value	－2.023	1.645	.000	1.000	30
Residual	－9.829	9.824	.000	2.900	30
Std. Residual	－3.331	3.329	.000	.983	30

a. Dependent Variable: correct_rate.

（7）预测值与实际值结果：在原来的 SPSS 文件编辑窗口会增加 PRE_1 等变量，它们可表示模型的预测值和预测区间，如图 10－13 所示。

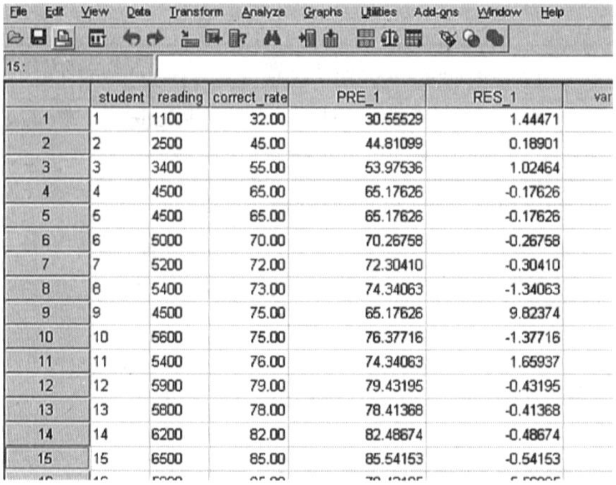

	student	reading	correct_rate	PRE_1	RES_1	var
1	1	1100	32.00	30.55529	1.44471	
2	2	2500	45.00	44.81099	0.18901	
3	3	3400	55.00	53.97536	1.02464	
4	4	4500	65.00	65.17626	-0.17626	
5	5	4500	65.00	65.17626	-0.17626	
6	6	5000	70.00	70.26758	-0.26758	
7	7	5200	72.00	72.30410	-0.30410	
8	8	5400	73.00	74.34063	-1.34063	
9	9	4500	75.00	65.17626	9.82374	
10	10	5600	75.00	76.37716	-1.37716	
11	11	5400	76.00	74.34063	1.65937	
12	12	5900	79.00	79.43195	-0.43195	
13	13	5800	78.00	78.41368	-0.41368	
14	14	6200	82.00	82.48674	-0.48674	
15	15	6500	85.00	85.54153	-0.54153	

图 10－13　预测值与预测区间

10.3　多元线性回归分析在 SPSS 中的应用

10.3.1　实例分析与 SPSS 操作

某中学通过问卷调查教师信念与外部、内部因素之间的关系。教师信念的记分采取李克特 5 级量表形式，用 1～5 分代表对问卷题目的同意程度，得分越高表示教师信念越开放、越趋向于建构主义教学理念。外部因素包括学校文化和考试，内部因素包括学历和专业发展观。学校文化、考试、学历和专业发展观的记分也采用李克特 5 级量表形式，如表 10－8 所示。假设教师信念的得分呈正态分布，试用回归分析方式描述教师信念与外部、内部因素之间的关系，分析教师信念如何受这些因素的影响。

表 10－8　教师信念与外部、内部因素

		External Factors 外部因素		Internal Factors 内部因素	
Teacher 教师	Belief 教师信念	School Culture 学校文化	Exam 考试	Education 学历	Professional Development 专业发展观
A	5	5	5	3	5
B	5	5	5	3	5
C	5	5	5	3	5
D	5	4	5	2	4
E	4	4	4	2	4
F	4	4	4	3	4
G	4	4	4	2	4
H	3	4	3	2	3

（续上表）

		External Factors 外部因素		Internal Factors 内部因素	
Teacher 教师	Belief 教师信念	School Culture 学校文化	Exam 考试	Education 学历	Professional Development 专业发展观
I	3	3	3	2	3
J	3	3	2	2	3
K	2	2	2	2	2
L	2	2	2	1	2
M	2	1	2	1	2
N	1	1	1	1	1
O	1	1	1	1	1

具体操作步骤和分析结果如下：

步骤1：输入数据。

（1）定义变量：新建一个SPSS文档，点击【Variable View】，在变量名【Name】数据栏内分别设置为"teacher"、"belief"、"school_ culture"、"exam"、"education"和"professional_ development"，小数点【Decimals】都设为"0"，如图10－14所示。

（2）输入数据：点击【Data View】，将教师信念、外部因素和内部因素的对应值录入相应的数据栏中，如图10－15所示。

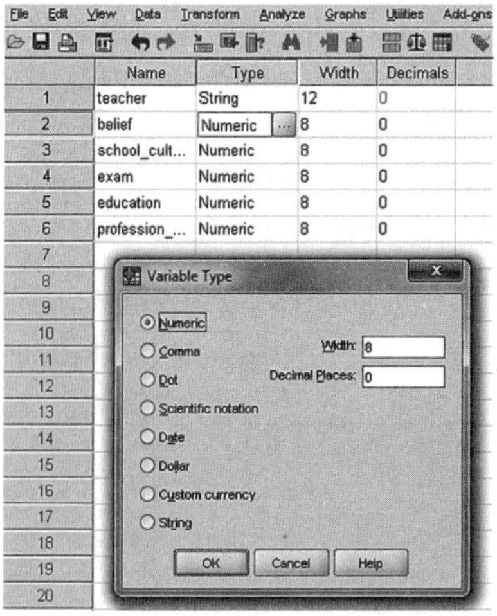

图10－14 定义变量

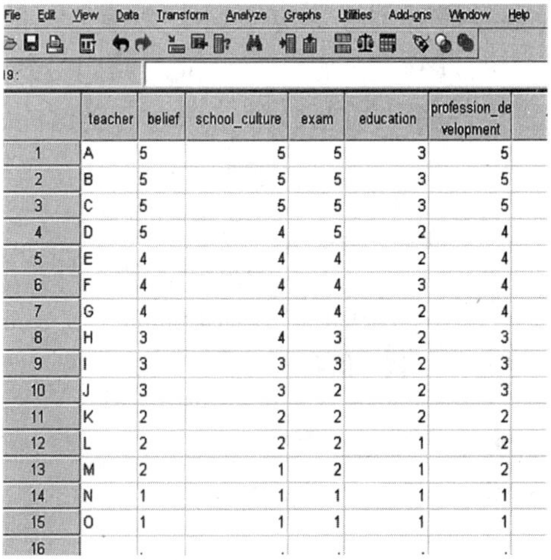

图10－15 输入数据

步骤2：进行多元回归分析。

（1）找到回归分析：在菜单栏上单击【Analyze】，从下拉菜单中选取

【Regression】，在级联菜单上选取【Linear...】项，弹出【Linear Regression】对话框。

（2）分配变量：选择“belief”作为【Dependent】，把“school_ culture”、“exam”、“education”和“professional_ development”作为【Independent（s）】，【Method】栏选取【Enter】，如图 10－16 所示。

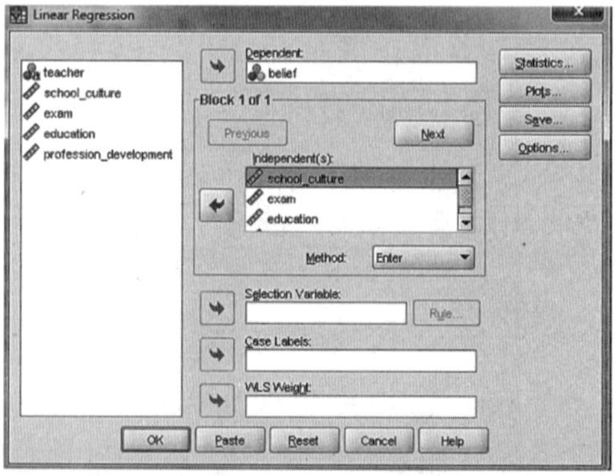

图 10－16　【Linear Regression】对话框

思考题 4：自变量选入方式 Enter 和 Stepwise 有什么不同？

（3）设置回归系数：在【Linear Regression】对话框中单击【Statistics...】按钮，打开如图 10－17 所示的对话框。在弹出的界面中选取【Estimates】、【Confidence intervals】、【Model fit】和【R squared change】后，单击【Continue】按钮返回图 10－16 所示对话框。

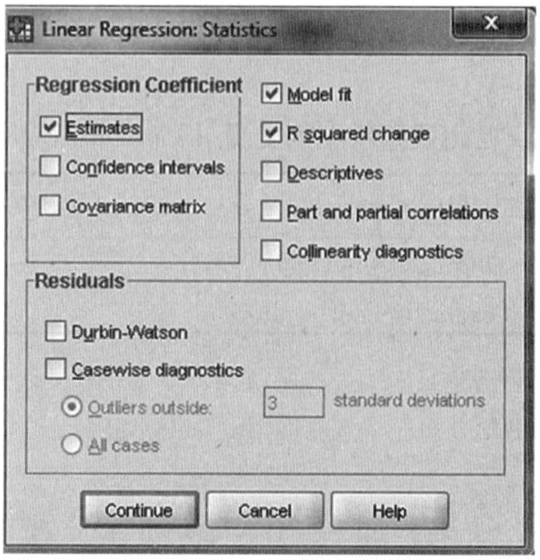

图 10－17　【Linear Regression：Statistics】对话框

（4）保存设置：在【Linear Regression】对话框中单击【Save...】按钮，打开如图 10－18 所示的对话框，可用该对话框把回归分析的结果保存到 SPSS 数据编辑窗口的变量中，或某个 SPSS 的数据文件。先勾选【Predicted Values】的【Unstandardized】，再勾选【Residuals】的【Unstandardized】，接着单击【Continue】返回图 10－16 所示对话框。最后单击【OK】完成。

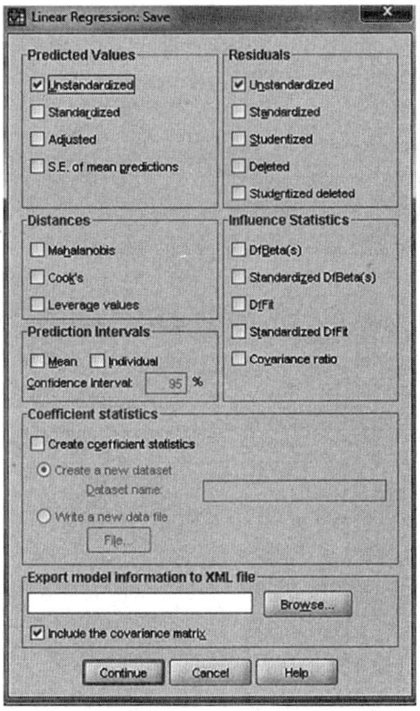

图 10－18　【Linear Regression：Save】对话框

10.3.2　结果与分析

（1）进入/退出回归模型的变量：由于采取强行进入方式，因此所有自变量都进入模型，且只出现一个模型，如表 10－9 所示。

表 10－9　进入/退出回归模型的变量（Variables Entered/Removed[b]）

Model	Variables Entered	Variables Removed	Method
1	professional_ development, education, exam, school_ culture[a]		Enter

a. All requested variables entered.

b. Dependent Variable：belief.

（2）回归模型汇总结果：如表 10－10 所示，模型 1 中相关系数 R 为 0.993，决定系数 R Square（R^2）为 0.986，调整后的决定系数 Adjusted R

Square（R^2_{adj}）为0.980。这表明模型的拟合效果较好，而且因变量教师信念与自变量之间存在线性相关关系，教师信念98%的变异可以用该模型来解释。

表10-10 回归模型汇总（Model Summary[b]）

Model	R	R Square	Adjusted R Square	Std. Error of the Estimate	Change Statistics				
					R Square Change	F Change	df1	df2	Sig. F. Change
1	.993[a]	.986	.980	.203	.986	172.376	4	10	.000

a. Predictors:(Constant), professional_development, education, exam, school_culture.

b. Dependent Variable: belief.

（3）回归模型方差分析结果：如表10-11所示，F值为172.376，显著性概率P值为0.000，$P<0.01$，表明拟合的模型具有统计学意义。

表10-11 方差分析（ANOVA）

Model		Sum of Squares	df	Mean Square	F	Sig.
1	Regression	28.520	4	7.130	172.376	.000
	Residual	.414	10	.041		
	Total	28.934	14			

（4）回归系数结果：如表10-12所示，在非标准化系数中，Constant常数项为0.075，自变量学校文化系数为0.022，考试为0.467，学历为-0.109，专业发展观为0.577，由此可知回归方程为：教师信念 = 0.075 + 0.022（学校文化）+ 0.467（考试）- 0.109（学历）+ 0.577（专业发展观）。在标准化系数中可见预测因子的贡献性，其中专业发展观的贡献性最大（0.551），其次为考试（0.479），而学校文化和学历的贡献性不大。这表明专业发展观对教师信念的影响大于考试和其他因素的影响。

t检验结果表明，考试和专业发展观的回归系数t值分别为3.084和2.457，显著性水平相伴概率为0.012和0.034（$P<0.05$）。这说明了两个自变量与因变量之间的线性相关关系显著，外部因素考试和内部因素专业发展观对教师信念来说，是比较显著的两个预测源。

表 10－12　回归系数表（Coefficients[a]）

Model		Unstandardized Coefficients		Standardized Coefficients	*t*	Sig.
		B	Std. Error	Beta		
1	(Constant)	.075	.158		.477	.643
	school_ culture	.022	.152	.022	.144	.888
	exam	.467	.151	.479	3.084	.012
	education	−.109	.175	−.058	−.625	.546
	professional_ development	.577	.235	.551	2.457	.034

a. Dependent Variable: belief.

（5）残差统计结果：如表 10－13 所示，残差的最小值为－0.119，最大值为0.414，均值为0.000，这说明模型的拟合效果良好。

表 10－13　残差分析（Residuals Statistics[a]）

	Minimum	Maximum	Mean	Std. Deviation	N
Predicted Value	1.03	5.08	3.27	1.427	15
Std. Predicted Value	−1.566	1.267	.000	1.000	15
Residual	−.119	.414	.000	.172	15
Std. Residual	−.586	2.034	.000	.845	15

a. Dependent Variable: belief.

（6）预测值与残差值：在原来的 SPSS 文件编辑窗口会增加 PRE_ 1 ，RES_ 1，它们分别表示模型的预测值和残差值，如图 10－19 所示。

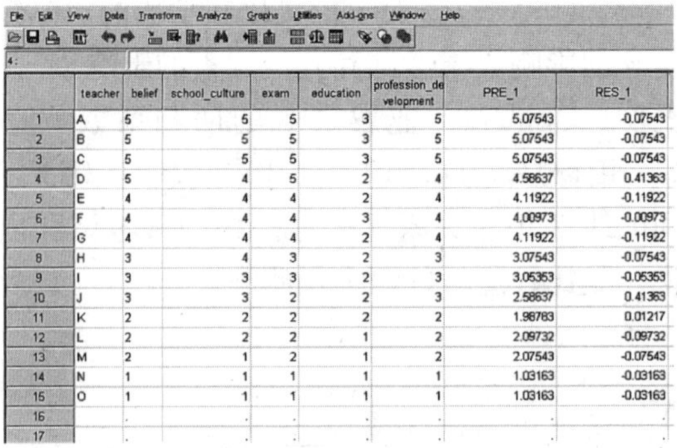

	teacher	belief	school_culture	exam	education	profession_development	PRE_1	RES_1
1	A	5	5	5	3	5	5.07543	-0.07543
2	B	5	5	5	3	5	5.07543	-0.07543
3	C	5	5	5	3	5	5.07543	-0.07543
4	D	5	4	5	2	4	4.58637	0.41363
5	E	4	4	4	2	4	4.11922	-0.11922
6	F	4	4	4	3	4	4.00973	-0.00973
7	G	4	4	4	2	4	4.11922	-0.11922
8	H	3	4	3	2	3	3.07543	-0.07543
9	I	3	3	3	2	3	3.05353	-0.05353
10	J	3	3	2	2	3	2.58637	0.41363
11	K	2	2	2	2	2	1.98783	0.01217
12	L	2	2	2	1	2	2.09732	-0.09732
13	M	2	1	2	1	2	2.07543	-0.07543
14	N	1	1	1	1	1	1.03163	-0.03163
15	O	1	1	1	1	1	1.03163	-0.03163
16		.	.	.	.	.	.	.
17		.	.	.	.	.	.	.

图 10－19　预测值与残差值

练习题

1. 某高校用李克特 5 级量表调查了商务英语专业学生的自修学习时间（1 = 很少，5 = 很多），并考察学习时间与英语专业四级成绩的关系，数据见表 10 – 14。试用一元线性回归方程，分析学习时间对四级成绩的影响。

表 10 – 14 学习时间与专业四级成绩

学生	学习时间	四级成绩
1	3	78. 00
2	3	80. 00
3	3	81. 00
4	2	75. 00
5	3	85. 00
6	4	88. 00
7	4	92. 00
8	3	79. 00
9	3	82. 00
10	4	90. 00

2. 某中学用李克特 5 级量表调查学生对英语的学习兴趣（1 = 很小，5 = 很大）、学习时间（1 = 很少，5 = 很多）、家教补习频率（1 = 从不，5 = 经常），并考察这些因素与其 SAT 成绩的关系，数据见表 10 – 15。试用多元线性回归方程分析学习兴趣、学习时间和家教补习频率对 SAT 成绩的影响。

表 10 – 15 学习兴趣、学习时间和家教补习频率对 SAT 成绩的影响

学生	学习兴趣	学习时间	家教补习频率	SAT 成绩
1	4	3	4	560. 00
2	3	3	3	470. 00
3	4	3	3	480. 00
4	3	5	3	490. 00
5	4	3	3	410. 00
6	4	4	4	450. 00
7	4	3	4	420. 00
8	3	3	3	400. 00
9	3	3	3	390. 00
10	4	4	4	470. 00

思考题参考答案

1．回归分析与相关分析的联系：

从研究的目的来说，若仅仅为了了解两个变量之间呈直线关系的密切程度和方向，宜选用线性相关分析；若仅仅为了建立由自变量推算因变量的直线回归方程，宜选用直线回归分析。

从资料所具备的条件来说，做相关分析时要求两个变量都是随机变量（如听力成绩与听力策略）；做回归分析时要求因变量是随机变量，自变量可以是随机的，也可以是一般变量（即可以事先指定变量的取值，如口语任务准备时间）。

回归分析和相关分析的差别：

（1）在回归分析中，y 被称为因变量，处在被解释的特殊地位；而在相关分析中，x 与 y 处于平等的地位，即研究 x 与 y 的密切程度和研究 y 与 x 的密切程度是一致的。

（2）相关分析中，x 与 y 都是随机变量；而在回归分析中，y 是随机变量，x 可以是随机变量，也可以是非随机的。通常在回归模型中，总是假定 x 是非随机的。

（3）相关分析的研究主要是两个变量之间的密切程度，而回归分析不仅可以揭示 x 对 y 的影响大小，还可以由回归方程进行数量上的预测和控制。

2．散点图可直观地、定性地表示两个变量之间的关系，如两个变量间是直线相关还是曲线相关，或者是直线正相关还是直线负相关等。而且，散点图可以帮助发现是否有明显远离主体数据的观测值，即异常点（outlier），这些点很可能对正确评价因变量与自变量间关系有较大影响。

3．决定系数 R^2 决定了线性回归的拟合程度，用来说明用自变量解释因变量变异的程度（所占比例）。R^2_{adj} 是调整后的决定系数，当有统计学意义的变量进入回归方程时，可使 R^2_{adj} 增大；而当无统计学意义的变量进入方程时，R^2_{adj} 反而减小。

4．两者都是自变量的选入方式。Enter 是强行进入法，即候选的自变量不做筛选全部选入模型；Stepwise 是逐步进入法，即根据【Options...】对话框中设定的选入标准和提出标准进行变量筛选。

练习题答案

1.

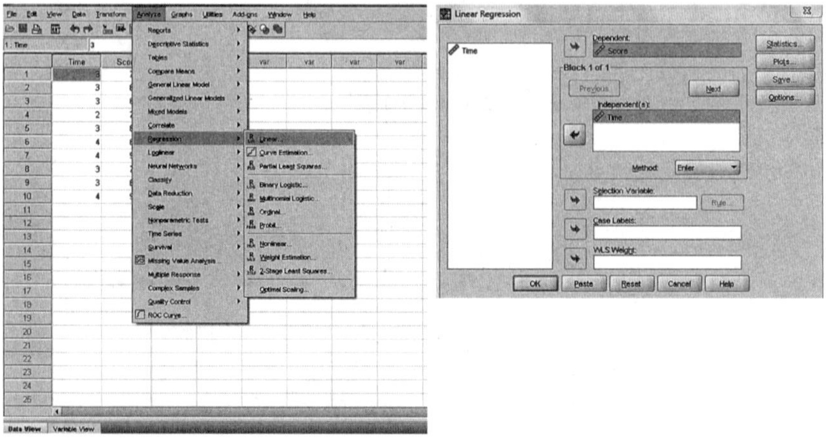
Linear Regression
Time
Dependent:
Score
Block 1 of 1
Previous
Next
Independent(s):
Time
Method:
Enter
Selection Variable:
Rule...
Case Labels:
WLS Weight:
OK
Paste
Reset
Cancel
Help
Statistics...
Plots...
Save...
Options...

2.

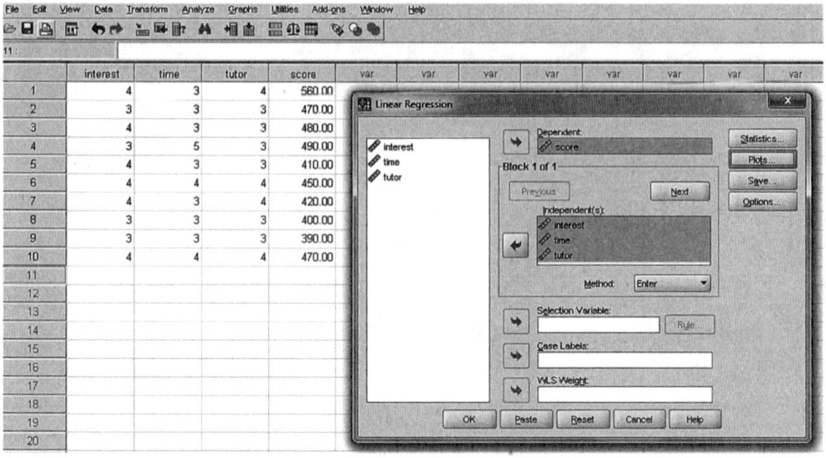
File Edit View Data Transform Analyze Graphs Utilities Add-ons Window Help
interest time tutor score var var var var var var var var
Linear Regression
interest
time
tutor
Dependent:
score
Block 1 of 1
Previous
Next
Independent(s):
interest
time
tutor
Method:
Enter
Selection Variable:
Rule...
Case Labels:
WLS Weight:
OK
Paste
Reset
Cancel
Help
Statistics...
Plots...
Save...
Options...

实验十一
语言测试信度分析的训练

测试信度（Test Reliability）指测试结果的可靠性，这是测试效度的必要条件，因而是语言测试试卷质量的重要指标，在教育测量里也具有十分重要的意义。只有信度高的测试和测量，才能为教师和教育工作者提供可靠的信息，使我们对学生的评价变得客观和可靠，也使学生对自己有符合实际的认识，从而有助于改进教和学的效率。

信度的高低通常用信度系数来表示。本实验将介绍语言测试信度的基本概念和基本原理，以及使用 SPSS 来计算不同类别的信度系数的基本方式。通过本实验的训练，期望学生具备使用 SPSS 来计算语言测试信度的能力，并能对语言测试的可靠性做出判断。

11.1 信度分析概述

测试的信度反映了测量的可靠性或稳定性。信度可分为内部信度（Internal Reliability）和外部信度（External Reliability）。内部信度指所测试各题项是否测试的同一个概念，以及组成量表或试题的题项之间的内在一致性程度如何。内部信度最常用的检验方法是克朗巴哈 α 系数和分半信度。外部信度指对相同的测试者在不同的时间进行测量时，其结果具有的一致性程度。检验外部信度最常用的方式是重测信度。

进行信度分析，就是要获得信度系数。信度系数的值在 0 到 1 之间，其值越大，表示测量的可靠程度越大。信度系数应多大才表示测试的分数是可靠的呢？这与研究目的和测验分数的运用有关。如果研究目的在于编制预测问卷或某种先导性测量，信度系数在 0.60 附近波动都可接受。如果测试分数是用来筛选人才，则信度系数最好在 0.90 以上。一般来说，信度系数在 0.90 以上，表明测试的信度甚佳；信度系数在 0.80～0.90，表明测试的信度相当好；信度系数在 0.70～0.80，表明测试可以接受，但应做些修订；如果信度系数低于 0.70，表明测试存在较大问题。如果总测试的信度系数在 0.70 以下、分量表的内部一致性系数在 0.60 以下，应考虑重新修订测试或增删题项。

例如，一份英语试卷的阅读理解部分由 12 道客观题组成，将该试题施测于一组 10 人的被试。如果我们要检验构成这份英语测试试卷阅读部分的 12 道题目之间是否存在一致性，就需要对这套试卷的阅读部分进行内部信度的分析。相反，如果我们要检验这份英语测试试卷在不同的时间施考给同组学生时，其得出的结果是否存在一致性，这就是进行外部信度分析。

11.1.1 信度分析的主要类型

（1）分半信度系数（Split-half Reliability）：指同一测试或量表的两个部分（如奇数题和偶数题，或者测试题的前一半和后一半）得分的相关系数。

（2）同质性信度：指测验内部所有项目得分的一致性，又叫内部一致性系数。同质性信度的常用指标为克朗巴哈 α 信度系数。同质性信度低时，即使各个测试题看起来似乎是测量同一特质，但测量的实际上是异质的，即测试测量了不止一种特质。

（3）重测信度：又叫稳定性系数，即指用同一个测试对同一组被试进行前后两次检测所得分数的相关系数。

（4）评分者信度：两个或两个以上的评分者对同一试题评分的一致性程度；或同一评分者在不同的时间对同一试卷评分的一致性程度。若是两个评分者的一致性系数可用 Spearman 等级相关的方式计算，若是三个以上的评分者，则可计算肯德尔和谐系数。

11.1.2 信度分析的使用条件

运用信度分析来检验语言测试的信度时，需要注意以下几点：

（1）如果我们需要检验试卷内部各项目的得分的一致性，就应该检验同质性信度。

（2）如果用同一组测试对同一组被试前后测试两次，这时就应该根据两次测验分数计算其相关系数，得到重测信度。

（3）当一种测试只能实施一次并且没有复本时，可以按照测试题目的奇偶数或其他方式分两半计分，计算相关系数，得到分半信度。

11.2 信度分析在 SPSS 中的操作应用

11.2.1 实例分析 1：同质性信度

把一份由 8 组题项组成的语法测试题对 10 名大学一年级学生施测，结果如表 11 - 1 所示。试对该测试试卷的同质性信度进行分析。

表 11－1　10 名学生的英语语法测试结果

学生编号	题 1	题 2	题 3	题 4	题 5	题 6	题 7	题 8
1	35	39	33	34	32	32	29	32
2	34	28	35	31	29	29	28	31
3	29	34	36	36	34	34	36	37
4	30	33	32	33	31	32	33	34
5	31	39	34	36	35	36	37	36
6	34	27	36	35	31	32	30	32
7	34	32	32	33	29	31	32	33
8	37	35	37	38	36	37	38	36
9	39	36	38	37	37	35	36	39
10	38	36	34	35	36	34	35	36

具体步骤如下：

步骤 1：输入数据。

（1）定义变量：如图 11－1 所示，新建一个 SPSS 文档，点击【Variable View】，将变量名【Name】按“test1”至“test8”逐一设定，小数点【Decimals】都设为“2”，同时将变量类型【Type】全设为“Numeric”，完成后按【OK】。

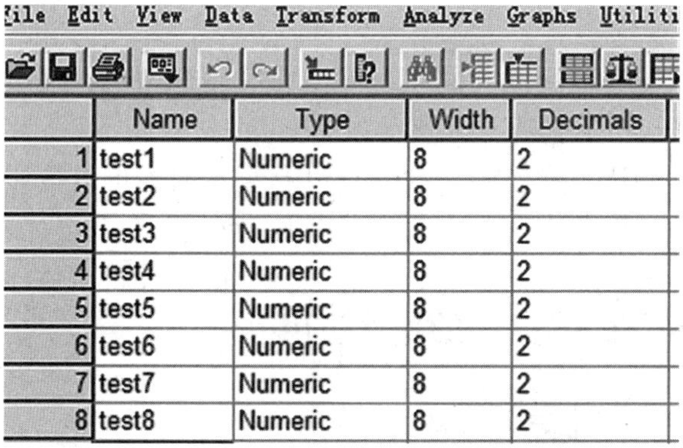

	Name	Type	Width	Decimals
1	test1	Numeric	8	2
2	test2	Numeric	8	2
3	test3	Numeric	8	2
4	test4	Numeric	8	2
5	test5	Numeric	8	2
6	test6	Numeric	8	2
7	test7	Numeric	8	2
8	test8	Numeric	8	2

图 11－1　定义变量

（2）输入数据：点击【Data View】，将各个项目的成绩录入相应的数据栏中，如图 11－2 所示。

test1	test2	test3	test4	test5	test6	test7	test8
35.00	39.00	33.00	34.00	32.00	32.00	29.00	32.00
34.00	28.00	35.00	31.00	29.00	29.00	28.00	31.00
29.00	34.00	36.00	36.00	34.00	34.00	36.00	37.00
30.00	33.00	32.00	33.00	31.00	32.00	33.00	34.00
31.00	39.00	34.00	36.00	35.00	36.00	37.00	36.00
34.00	27.00	36.00	35.00	31.00	32.00	30.00	32.00
34.00	32.00	32.00	33.00	29.00	31.00	32.00	33.00
37.00	35.00	37.00	38.00	36.00	37.00	38.00	36.00
39.00	36.00	38.00	37.00	37.00	35.00	36.00	39.00
38.00	36.00	34.00	35.00	36.00	34.00	35.00	36.00

图 11 －2　输入数据

步骤 2：检验信度。

（1）找到信度分析：在菜单栏上单击【Analyze】，从下拉菜单中选取【Scale】，弹出级联菜单，再单击【Reliability Analysis...】，弹出【Reliability Analysis】对话框，如图 11 －3 所示。

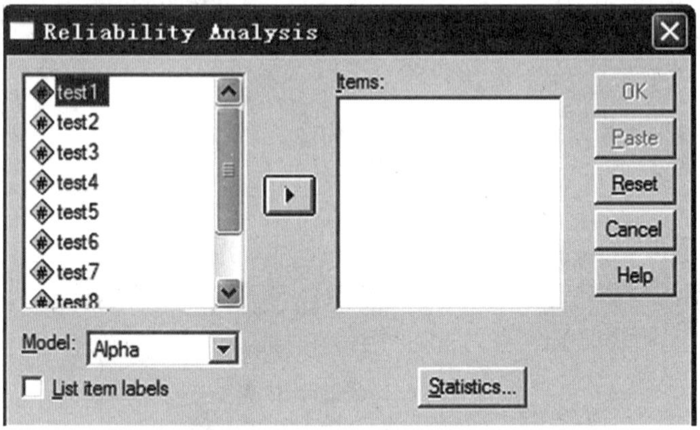

图 11 －3　【Reliability Analysis】对话框

（2）指定变量：在左侧的变量列表中选择“test1”至“test8”，一共八个变量，单击箭头按钮，使之被选入到【Items】一栏中。在【Model】中选择【Alpha】计算同质性信度系数，如图 11 －4 所示。

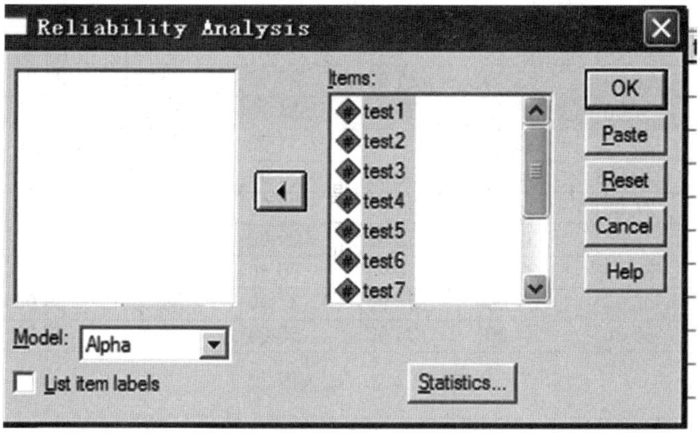

图 11－4　指定变量

（3）在图 11－4 所示的对话框中单击【Statistics...】按钮，打开【Reliability Analysis：Statistics】对话框，如图 11－5 所示。在【Descriptives for】选项区中单击【Item】、【Scale】、【Scale if item deleted】复选框；在【Summaries】选项区中单击【Means】、【Variances】、【Correlations】复选框；在【Inter-Item】选项区中单击【Correlations】复选框。单击【Continue】按钮，返回主对话框。

（4）点击【OK】按钮，执行 SPSS 命令，输出结果如表 11－2 至表 11－5 所示。

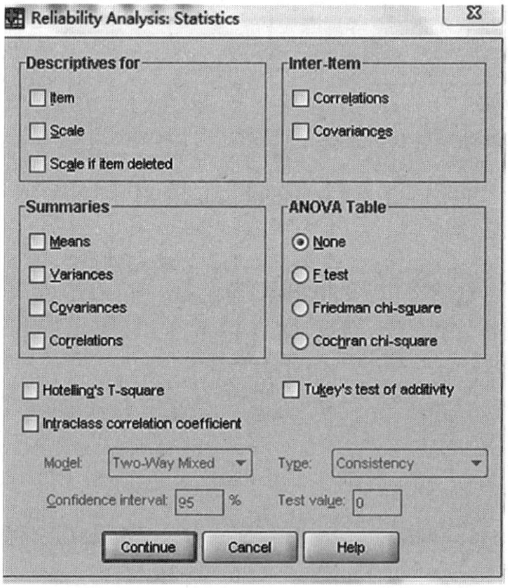

图 11－5　【Reliability Analysis：Statistics】对话框

步骤 3：分析 SPSS 信度分析的结果。

（1）描述性统计结果：10 名学生在各题项上的得分的平均数和标准差如表 11 -2 所示：

表 11 -2　描述性统计结果（Descriptive Statistics）

	Mean	Std. Deviation	N
test1	34. 1000	3. 34830	10
test2	33. 9000	4. 06749	10
test3	34. 7000	2. 05751	10
test4	34. 8000	2. 09762	10
test5	33. 0000	2. 98142	10
test6	33. 2000	2. 44040	10
test7	33. 4000	3. 53396	10
test8	34. 6000	2. 59058	10

（2）八个题项间的相关矩阵如表 11 -3 所示。从表格中可以看出，在整套测试题中，题项 4、5、6、7、8 之间有很高的相关程度。

表 11 -3　各题项间的相关矩阵（Correlations）

	test1	test2	test3	test4	test5	test6	test7	test8
test1	1. 000	. 123	. 408	. 288	. 412	. 201	. 062	. 197
test2	. 123	1. 000	-. 097	. 479	. 641	. 629	. 529	. 534
test3	. 408	-. 097	1. 000	. 654	. 580	. 478	. 385	. 517
test4	. 288	. 479	. 654	1. 000	. 871	. 942	. 821	. 781
test5	. 412	. 641	. 580	. 871	1. 000	. 901	. 823	. 878
test6	. 201	. 629	. 478	. 942	. 901	1. 000	. 917	. 805
test7	. 062	. 529	. 385	. 821	. 823	. 917	1. 000	. 893
test8	. 197	. 534	. 517	. 781	. 878	. 805	. 893	1. 000

The covariance matrix is calculated and used in the analysis.

（3）该套英语试卷的同质性信度结果见表 11 -4 所示。从表中可见克朗巴哈 α 信度系数为 0. 889，标准化的 Alpha 信度系数为 0. 910。这表明该套英语测试题的同质性信度很高。

表 11－4　全卷的同质性系数（Reliability Statistics）

Cronbach's Alpha	Cronbach's Alpha Based on Standardized Items	N of Items
.889	.910	8

思考题 1：什么是标准化的 Alpha 信度系数？

（4）各题项与总分的相关性见表 11－5。表中第 2、3、4、5、6 栏分别表示删除各题项后的平均分、方差、题项与总分的相关、多元相关系数平方，以及删除该题项后的信度系数。第 5 栏“多元相关系数平方”（Squared Multiple Correlation）其实是以该题项为因变量，其余题项为自变量，进行多元回归分析所得的决定系数（即 R^2，见实验十），该值越大，表示其他题项对其的解释力越大，其内部一致性越高。第 4 栏“题项与总分的相关系数”（Corrected Item-Total Correlation）表示各题项与总分的相关程度，此系数越大，说明该题项与其他题项的内部一致性越高。

表 11－5　各题项与总分的关系（Item-Total Statistics）

	Scale Mean if Item Deleted	Scale Variance if Item Deleted	Corrected Item-Total Correlation	Squared Multiple Correlation	Cronbach's Alpha if Item Deleted
test1	237.600	276.489	.264	.485	.917
test2	237.800	236.178	.515	.873	.900
test3	237.000	280.222	.474	.836	.891
test4	236.900	253.656	.884	.972	.863
test5	238.700	222.456	.964	.965	.844
test6	238.500	241.833	.913	.993	.856
test7	238.300	220.678	.800	.986	.860
test8	237.100	241.656	.854	.974	.859

11.2.2　实例分析 2：分半信度

某课题组设计了一份包含 10 个题项的检测焦虑情况的调查量表，对 10 个大学生进行了施测，数据如表 11－6，试分析量表的信度情况。

表 11 -6　焦虑量表测试数据

学生号	项目 1	项目 2	项目 3	项目 4	项目 5	项目 6	项目 7	项目 8	项目 9	项目 10
1	5	6	5	6	7	6	5	6	5	6
2	5	7	6	6	5	6	7	5	6	5
3	6	5	6	7	6	5	6	5	5	6
4	6	7	5	6	7	6	5	6	6	5
5	7	5	5	4	4	5	5	5	6	6
6	6	5	3	3	5	6	6	3	6	4
7	3	2	4	2	6	3	2	6	3	4
8	5	3	4	2	4	5	4	2	3	4
9	5	5	5	4	7	6	4	4	7	5
10	3	2	3	2	6	3	2	2	2	4

步骤 1：输入数据。

（1）定义变量：如图 11 -6 所示，新建一个 SPSS 文档，点击【Variable View】，将变量名【Name】分别设为“item1”至“ item10”，小数点【Decimals】均设为“0”。

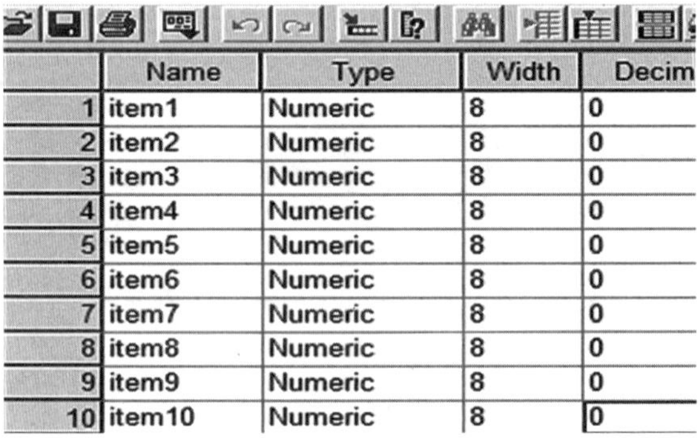

	Name	Type	Width	Decim
1	item1	Numeric	8	0
2	item2	Numeric	8	0
3	item3	Numeric	8	0
4	item4	Numeric	8	0
5	item5	Numeric	8	0
6	item6	Numeric	8	0
7	item7	Numeric	8	0
8	item8	Numeric	8	0
9	item9	Numeric	8	0
10	item10	Numeric	8	0

图 11 -6　定义变量

（2）输入数据：点击【Data View】，将各个项目的成绩录入相应的数据栏中，如图 11 -7 所示。

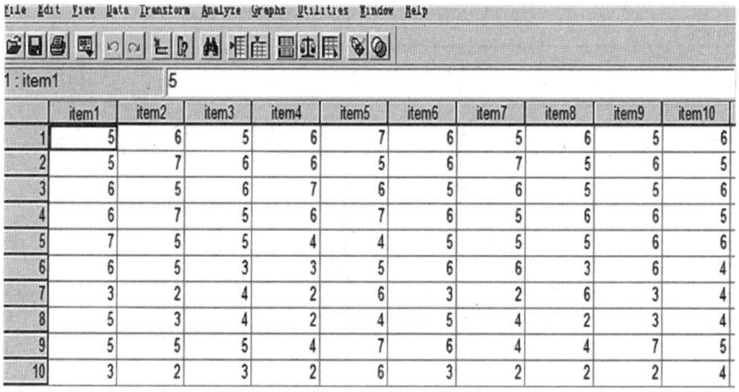

	item1	item2	item3	item4	item5	item6	item7	item8	item9	item10
1	5	6	5	6	7	6	5	6	5	6
2	5	7	6	6	5	6	7	5	6	5
3	6	5	6	7	6	5	6	5	5	6
4	6	7	5	6	7	6	5	6	6	5
5	7	5	5	4	4	5	5	5	6	6
6	6	5	3	3	5	6	6	3	6	4
7	3	2	4	2	6	3	2	6	3	4
8	5	3	4	2	4	5	4	2	3	4
9	5	5	5	4	7	6	4	4	7	5
10	3	2	3	2	6	3	2	2	2	4

图 11－7　输入数据

步骤 2：检验信度。

（1）找到信度分析：在菜单栏上单击【Analyze】，从下拉菜单中选取【Scale】，弹出级联菜单，再单击【Reliability Analysis...】，弹出相应对话框，如图 11－8 所示。

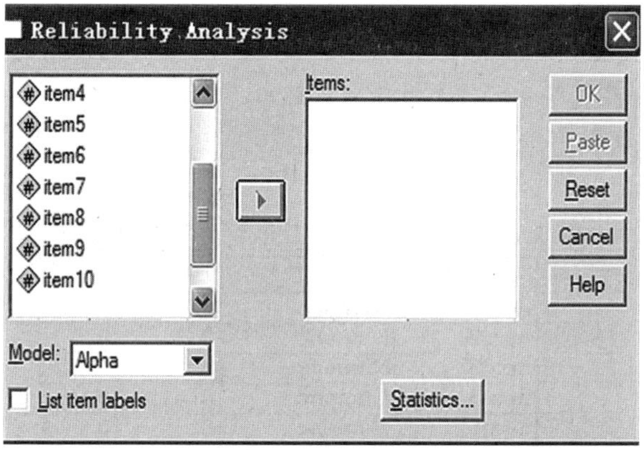

图 11－8　【Reliability Analysis】对话框

（2）指定变量：在左侧的变量列表中选择“item1”到“item10”，单击箭头按钮，使之被选入到【Items】的框中，如图 11－9 所示。

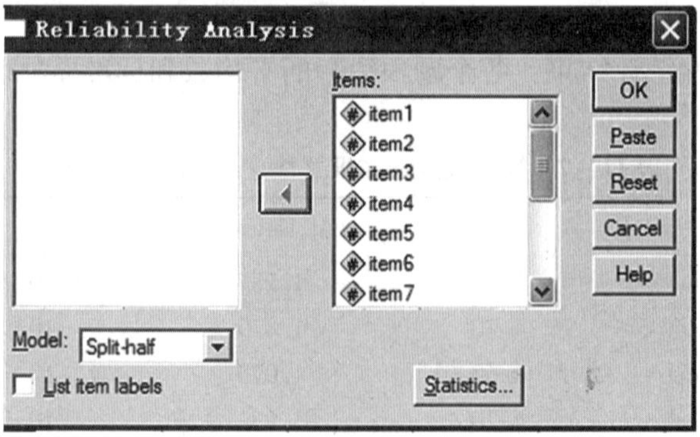

图 11－9　指定变量

（3）在图 11－9 所示的对话框中，在【Model】后选择【Split-half】计算分半信度系数，再单击【Statistics...】按钮，打开【Reliability Analysis：Statistics】对话框，如图 11－10 所示。在【Descriptives for】选项区中单击【Item】、【Scale】、【Scale if item deleted】复选框；在【Inter-Item】选项区中单击【Correlations】复选框。单击【Continue】按钮，返回主对话框。点击【OK】按钮完成操作。

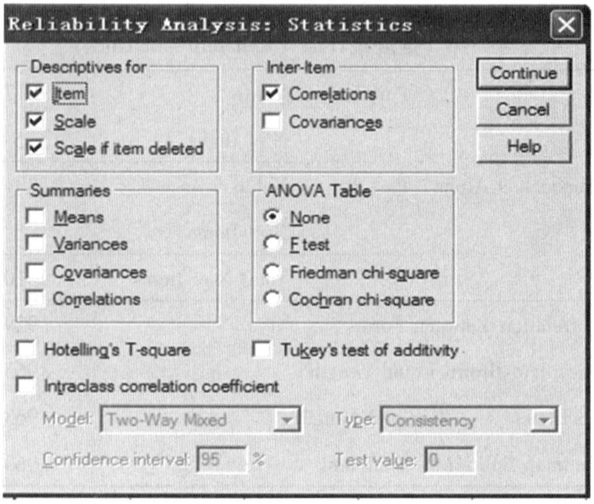

图 11－10　【Reliability Analysis：Statistics】对话框

步骤 3：分析 SPSS 信度分析的结果。

（1）描述性统计结果：各个题项得分的平均数和标准差如表 11 – 7 所示。

表 11 – 7　描述性统计结果（Descriptive Statistics）

	Mean	Std. Deviation	N
item1	5. 10	1. 287	10
item2	4. 70	1. 829	10
item3	4. 60	1. 075	10
item4	4. 20	1. 932	10
item5	5. 70	1. 160	10
item6	5. 10	1. 197	10
item7	4. 60	1. 647	10
item8	4. 40	1. 578	10
item9	4. 90	1. 663	10
item10	4. 90	. 876	10

（2）信度统计结果见表 11 – 8。从表中可见，斯皮尔曼—布朗（Spearman-Brown）分半信度为 0. 963，非常高。

表 11 – 8　信度统计值（Reliability Statistics）

Cronbach's Alpha	Part 1	Value	. 817
		N of Items	5[a]
	Part 2	Value	. 831
		N of Items	5[b]
		Total N of Items	10
Correlation Between Forms			. 929
Spearman-Brown Coefficient	Equal Length		. 963
	Unequal Length		. 963
Guttman Split-Half Coeffcient			. 963

a. The items are：item 1，item 2，item 3，item 4，item 5.

b. The items are：item 6，item 7，item 8，item 9，item 10.

11. 2. 3　实例分析 3：重测信度

某市自编了一套英语中考试题，请了 10 个学生进行测试。为确保学生表现的稳定性，一周后请这 10 个学生再次进行测试，结果见表 11 – 9。请分析该测试的重测信度。

表 11－9　两次测试成绩

	10 名学生									
测试 1	88	90	82	85	92	93	95	84	92	86
测试 2	78	88	84	87	88	92	96	85	93	87

思考题 2：如何用 SPSS 检测重测信度？

具体步骤如下：

步骤 1：输入数据。

（1）定义变量：如图 11－11 所示，新建一个 SPSS 文档，点击【Variable View】，将第一次测试变量名【Name】设为“test1”，第二次测试变量名【Name】设为“test2”，小数点【Decimals】都设为“2”，变量类型【Type】也都设为“Numeric”，完成后按【OK】。

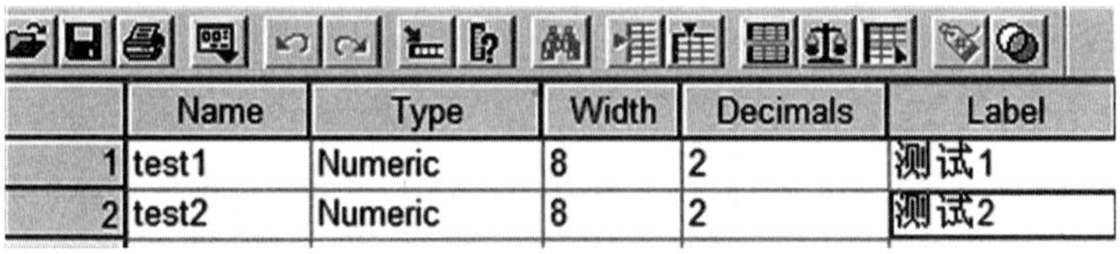

	Name	Type	Width	Decimals	Label
1	test1	Numeric	8	2	测试1
2	test2	Numeric	8	2	测试2

图 11－11　定义变量

（2）输入数据：点击【Data View】，将两次测试成绩录入相应的数据栏中，如图 11－12 所示。

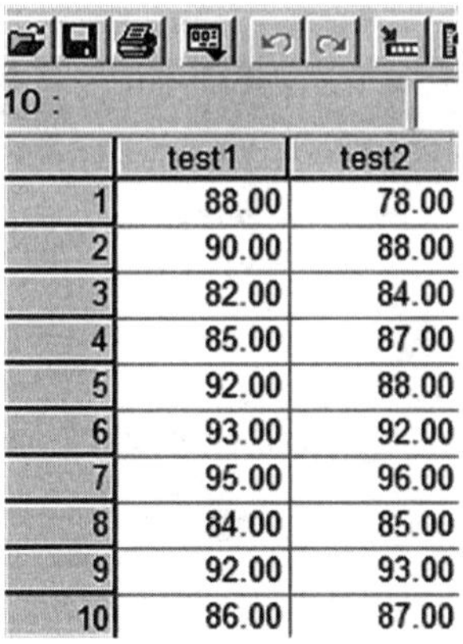

10 :

	test1	test2
1	88.00	78.00
2	90.00	88.00
3	82.00	84.00
4	85.00	87.00
5	92.00	88.00
6	93.00	92.00
7	95.00	96.00
8	84.00	85.00
9	92.00	93.00
10	86.00	87.00

图 11－12　输入数据

步骤 2：检验信度。

（1）找到信度分析：在菜单栏上单击【Analyze】，从下拉菜单中选取【Correlate】，弹出级联菜单，再单击【Bivariate...】，弹出【Bivariate Correlations】对话框，如图 11－13 所示。

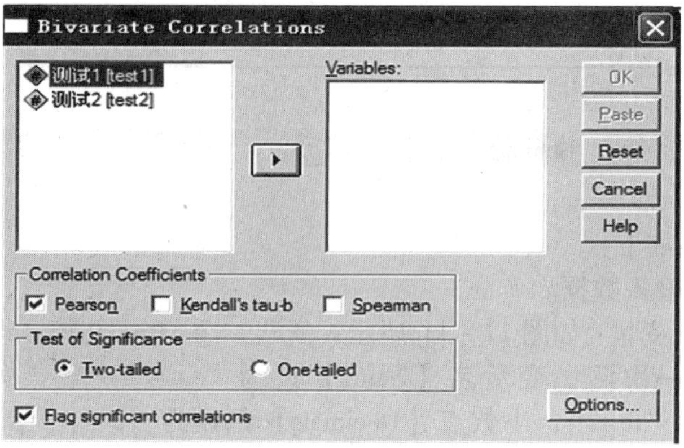

图 11－13 【Bivariate Correlations】对话框

（2）指定变量：在左侧的变量列表中选择两个测试变量，单击箭头按钮，使之被选入到【Variables】的框中。在【Correlation Coefficients】中选择【Pearson】相关系数，在【Test of Significance】中选择【Two-tailed】双侧检验。点击【Options...】，以获得描述统计，见图 11－14。选好后点击【Continue】，返回主对话框。

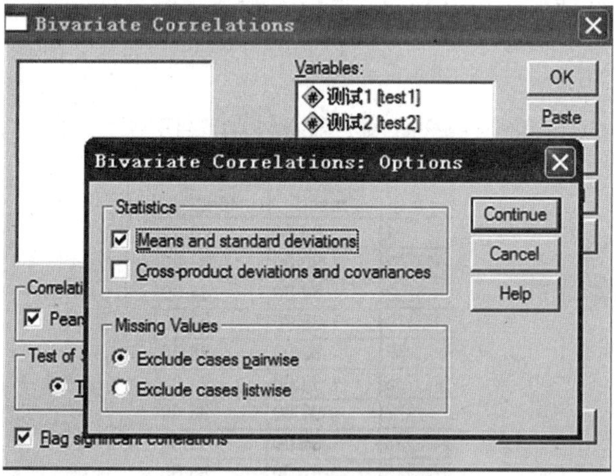

图 11－14 指定变量

（3）点击【OK】按钮，执行 SPSS 命令。

步骤 3：分析 SPSS 信度分析的结果。

（1）SPSS 计算的描述性统计结果如表 11 - 10 所示。

表 11 - 10 描述性统计结果（Descriptive Statistics）

	Mean	Std. Deviation	N
测试 1	88.7000	4.34741	10
测试 2	87.8000	5.07280	10

（2）重测信度见表格 11 - 11。

表 11 - 11 重测信度系数（Correlations）

		测试 1	测试 2
测试 1	Pearson Correlation	1	.697*
	Sig. (2 - tailed)		.025
	N	10	10
测试 2	Pearson Correlation	.697*	1
	Sig. (2 - tailed)	.025	
	N	10	10

*. Correlation is significant at the 0.05 level (2 - tailed).

练习题

某学校设计了一套语法测试试卷，由五部分组成。使用前先对随机抽取的 10 位学生进行预测，他们的得分如表 11 - 12 所示。请检验这套语法测试试卷的信度，并对试卷的质量作出评价。

表 11 - 12 语法测试成绩统计

Part1	Part2	Part3	Part4	Part5
48	45	46	50	47
50	53	53	51	49
51	52	52	48	55
52	51	50	49	51
47	46	48	50	54
50	53	52	48	50

（续上表）

Part1	Part2	Part3	Part4	Part5
51	52	49	55	54
52	49	50	52	53
54	49	48	50	52
45	50	48	45	44

思考题参考答案

1. 为克服各题项变异不相等而造成的影响，需对系数进行校正，标准化的 Alpha 信度系数即指校正后的系数。

2. 可用 SPSS 里的相关样本分析法计算重测信度系数。

练习题答案

SPSS 的信度检验结果见表 11－13、表 11－14 和表 11－15。从表里可知，这套语法测试题的克朗巴哈 α 信度系数为 0.720，标准化值为 0.726，且第二部分和第三部分的相关关系最强（0.843）。

表 11－13　信度统计值（Reliability Statistics）

Cronbach's Alpha	Cronbach's Alpha Based on Standardized Items	N of Items
.720	.726	5

表 11－14　各题项间的相关矩阵　（Inter-Item Correlation Matrix）

	part1	part2	part3	part4	part5
part1	1.000	.329	.319	.470	.587
part2	.329	1.000	.843	.000	.115
part3	.319	.843	1.000	-.015	.267
part4	.470	.000	-.015	1.000	.550
part5	.587	.115	.267	.550	1.000

表 11－15　各题项与总分的关系（Item-Total Statistics）

	Scale Mean if Item Deleted	Scale Variance if Item Deleted	Corrected Item-Total Correlation	Squared Multiple Correlation	Cronbach's Alpha if Item Deleted
part1	200. 3000	58. 678	. 642	. 456	. 609
part2	200. 3000	66. 678	. 385	. 750	. 709
part3	200. 7000	68. 900	. 493	. 759	. 674
part4	200. 5000	68. 278	. 379	. 388	. 710
part5	199. 4000	52. 489	. 544	. 529	. 650

实验十二
语言测试效度分析的训练

语言测试效度（Test Validity）指测试达到意欲测试的目的的程度，即测试的有效性程度。一份针对国内初中毕业生的中考学业测试，本该测试《课程标准》规定的在语法、词汇、技能等方面应掌握内容（即五级要求），实际上却测试了大量的美国 SAT 要求的内容，那么这份测试题就缺乏效度。检测一份测试的有效性，是衡量一份语言测试质量的重要标准。

实验十二重点介绍语言测试效度的基本概念、类型和获得效度的主要方法，并指导学生怎样运用 SPSS 来计算语言测试的效度，以期帮助学生提高语言测试编制和分析的能力。

12.1 效度分析概述

一份试卷的质量如何，最重要的指标就是看其是否有效，即是否测出了想要测试的内容。如果要测试学生的应用文的写作能力，所采用的题目是“An Interesting Person I met”，那么这个测试的效度就很低，因其反映学生写应用文的能力的程度不高。但如果是让学生写一个会议通知，则更能体现学生这类文体的写作能力，有效性更高。

根据侧重的不同，效度可分为不同的类型。鉴于本实验旨在指导 SPSS 的实践操作和运用，我们在此只介绍有可能需要用 SPSS 来获得效度系数的类型，如内容效度、构念效度、效标关联效度。

（1）内容效度（Content Validity）

内容效度是指测试的内容或行为范围的取样的代表性程度，反映了对测试内容抽样的适当性和充分性。初中三年英语学习后，如果要考查初中毕业时学生掌握初中所学英语的程度，那么试卷不可能包含所有初中学习的语法、词汇、技能、策略等，只能从中选出代表性的项目作为样本编进试题的测试题项里，再根据学生的得分来推断有关方面的知识技能的掌握情况。如果试题的项目较好地代表了有关的知识和技能，这份测试的内容效度就很理想。

一个测试要具备较好的内容效度应注意满足两方面的要求：一是确定好内容范围，制定好考试大纲，使之包含全部的测试内容；二是测试项目应是在考试大纲确定的内容范围内的代表性样例，即选出的测试项目要包含所测的内容范围的主要成分，且各类测试项目所占比例适当。

要获得内容效度，既可用定性分析法，也可用定量分析法。定性分析法可用专家判断法或逻辑分析法，即由本学科的专家根据所欲测试的内容范围的设定，对测试项目是否代表了要测试的内容作出符合性判断，如果专家认为符合程度高，则测试具有较高的内容效度，反之就缺乏内容效度。定量分析法可用复本法或相关法获得数量化的指标来确定测试的内容效度。

（2）构念效度（Construct Validity）

构念效度是指测试对所声称的理论上的构想测量到的程度，即实际的测试分数能否体现某个特质或概念的情况。如果我们想测试交际能力，而用的测试方式是多项选择题，那么，这样得到的分数不能解释、体现实际的交际能力，这个测试就缺少构念效度。构念效度由于有理论的支撑，又根据实际得到的信息来检验理论的合理性，因而是重要的效度检验手段。

检测构念效度有多种方式，如内部检测法和外部检测法。内部检测法可通过确定测试取样的内容范围，用内容效度为构念效度提供有关证据；也可检测其同质性，即通过被试在各部分题项上的得分之间、部分与总分的得分之间、部分与减去该部分后的总分之间的相关分析，获得所测的是相同特质还是不同特质，从而确定测试是否有构念效度。外部检测法是把自编测试与别的考查同样特质的测试进行比较，即把别的测试作为参照，计算其相关性，以确定自编测试的构念效度，如果相关程度高，则说明两个测试所测的是相同的构念或特质。此外还可以用因素分析、多元特质多重方法矩阵等方式来检验构念效度。

（3）效标关联效度（Criterion Related Validity）

效标即效度标准，效标关联效度指测试分数与作为效标的另一测试结果之间的相关程度，其相关系数就是效标关联效度系数，相关系数的值越大，效度就越高。作为效标的这份测试应有很高的信度效度，这样才能作为参照标准，而且其所检测的内容应与要考查的测试内容一致。如果要考查一份高三英语毕业会考题的效度，可用该省高考英语科的测试分数作为效标，求同一组学生英语会考测试得分与高考英语测试得分之间的相关系数，此相关系数就是该毕业会考的效标关联效度系数。

当测试分数与效标分数这两个变量的类型不同时，计算其相关系数的方法就不同。当两者都是正态连续变量时，可用极差相关法；如果两个正态连续变量中的一个是人为分成的二分变量时，可用二列相关法；如果两个正态连续变量中的一个为真正的二分变量时，可用点二列相关法；如果两个变量

（或其中一个变量）以等级次序表示时，可用等级相关法。有关知识可见实验八。

思考题1：效度与信度是什么关系？

12.2 如何用 SPSS 进行效度分析

12.2.1 实例分析 1：内容效度

不少学者认为内容效度可以进行数量化的估计，方法之一就是用复本法，即计算一组被试在取自同样内容范围的两个复本测试上的得分的相关程度来对内容效度作数量上的估计。若相关性高，表明测试的内容效度较高；若相关性低，则表明两个测试中至少有一个内容效度较低。例如，某教师从中考题库里随机抽取有关题项，编成两套难度相当、题型一样的复本试卷，即 A、B 卷，随机对 10 个学生进行施测，测试成绩见表 12－1。请分析其内容效度。

表 12－1　一组学生的 A、B 卷测试成绩

A 卷	90	96	88	74	80	93	98	91	76	91
B 卷	88	97	86	77	81	97	93	87	71	90

具体步骤如下：

步骤 1：输入数据。

（1）定义变量：如图 12－1 所示，新建一个 SPSS 文档，点击【Variable View】，将变量名【Name】分别设为"A"和"B"，小数点【Decimals】均设为"2"，【Label】分别取"A 卷"和"B 卷"。

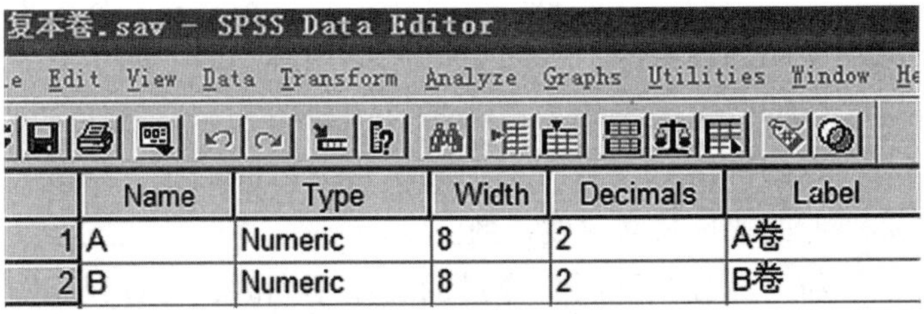

图 12－1　定义变量

（2）输入数据：点击【Data View】，将 A 卷和 B 卷成绩录入相应的数据

栏中，如图 12－2 所示。

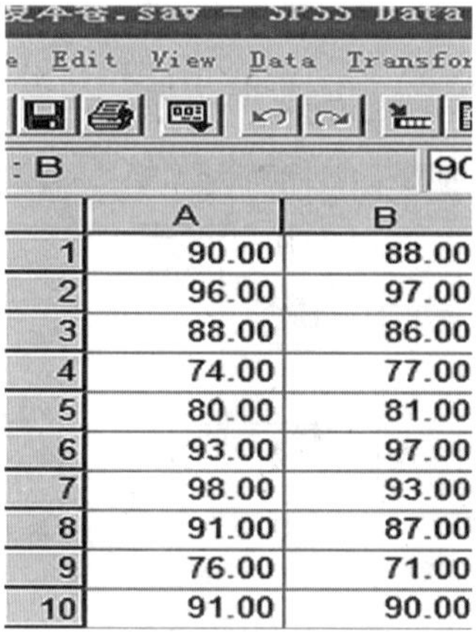

图 12－2　输入数据

步骤 2：进行统计。

（1）在菜单栏上单击【Analyze】，从下拉菜单中选取【Correlate】，弹出级联菜单后单击【Bivariate...】，弹出【Bivariate Correlations】对话框，如图 12－3所示。

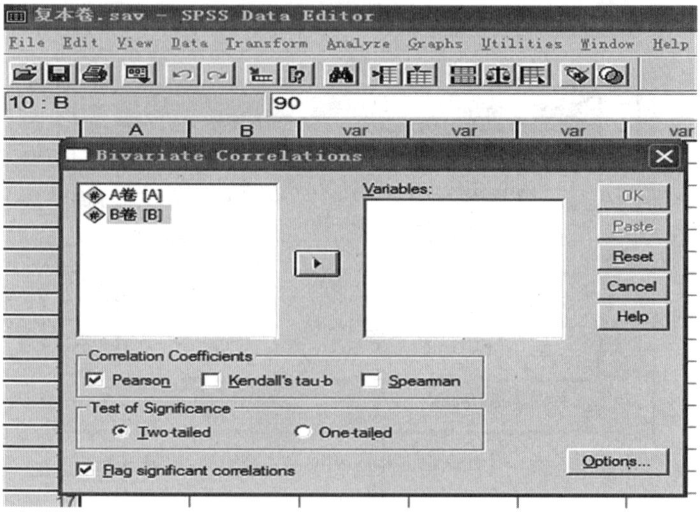

图 12－3　【Bivariate Correlations】对话框

（2）设置变量：从左侧的变量列表中选择【A 卷】和【B 卷】，单击箭头按钮，将其放入【Variables】的变量列表中，如图 12－4 所示，然后在

【Correlation Coefficients】栏下选择【Pearson】，进行极差相关分析。

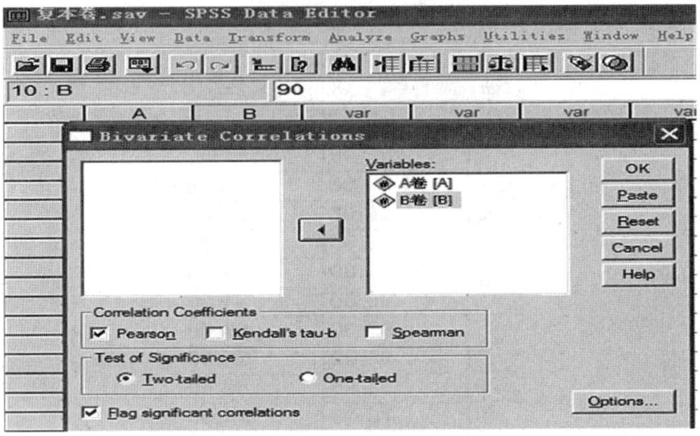

图 12 – 4　设置变量

（3）如果需要描述统计信息，可在图 12 – 4 所示的对话框中单击【Options...】，弹出【Bivariate Correlations：Options】对话框，如图 12 – 5 所示。在【Statistics】下勾选【Means and standard deviations】，再单击【Continue】返回图 12 – 4 所示的对话框，点击【OK】完成操作。

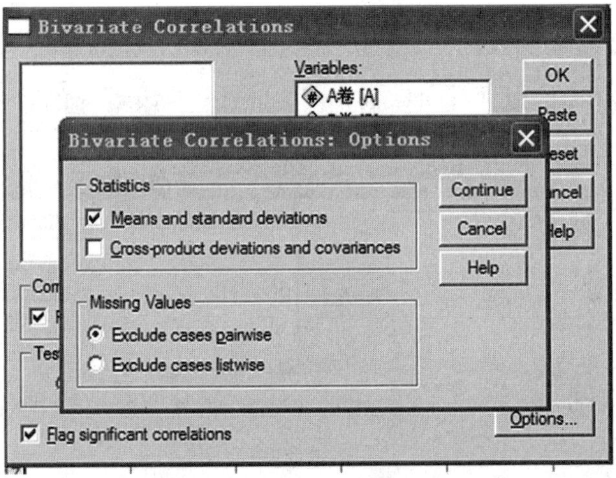

图 12 – 5　【Bivariate Correlations：Options】对话框

步骤 3：结果与分析。

（1）描述性统计结果。

SPSS 的结果报告中首先输出了描述性统计结果，见表 12 – 2。

表 12－2　描述性统计结果（Descriptive Statistics）

	Mean	Std. Deviation	N
A 卷	87.7000	8.26035	10
B 卷	86.7000	8.42021	10

（2）相关统计结果。

相关分析结果见表 12－3。从表中可见，A 卷和 B 卷成绩相关系数为 0.927，显著性水平 $P = 0.000$，表明两套试卷的内容效度很高。

表 12－3　相关分析结果（Correlations）

		A 卷	B 卷
A 卷	Pearson Correlation	1	.927**
	Sig.（2－tailed）		.000
	N	10	10
B 卷	Pearson Correlation	.927**	1
	Sig.（2－tailed）	.000	
	N	10	10

**. Correlation is significant at the 0.01 level（2－tailed）.

12.2.2　实例分析 2：构念效度

如上文所述，可通过对测试各个部分之间、部分与全卷之间、部分与减去该部分后的总分之间的相关分析来检验所考内容的同质性程度，以帮助确定测试是否具有构念效度。本实例分析旨在提供一个例子说明其在 SPSS 中的操作。

某校对英语专业的本科一年级学生进行了一个交际能力测试。随机抽取的 10 个学生在该测试各部分的得分，如表 12－4 所示，试分析其同质性程度以了解构念效度。

表 12－4　10 名学生的测试成绩

学生编号	阅读	听力	写作	口语	语法	词汇	总分
1	23	21	20	22	19	24	129
2	24	22	20	21	20	21	128
3	19	18	19	18	18	20	112
4	24	23	21	24	20	24	136

（续上表）

学生编号	阅读	听力	写作	口语	语法	词汇	总分
5	19	17	18	20	20	21	115
6	23	20	22	22	19	23	129
7	16	18	17	18	17	19	105
8	20	19	19	19	20	22	119
9	23	20	20	22	17	21	123
10	22	24	22	23	21	22	134

思考题2：为什么要把总分减去某部分的分数后再与该部分的分数求相关？

具体步骤如下：

步骤1：输入数据。

（1）定义变量：如图12－6所示，新建一个SPSS文档，点击【Variable View】，将变量名【Name】分别设为“reading”、“listening”、“writing”、“speaking”、“grammar”、“vocab”、“total”，小数点【Decimals】后均保留“2”，在【Label】栏分别取名为“阅读”、“听力”、“写作”、“口语”、“语法”、“词汇”、“总分”。

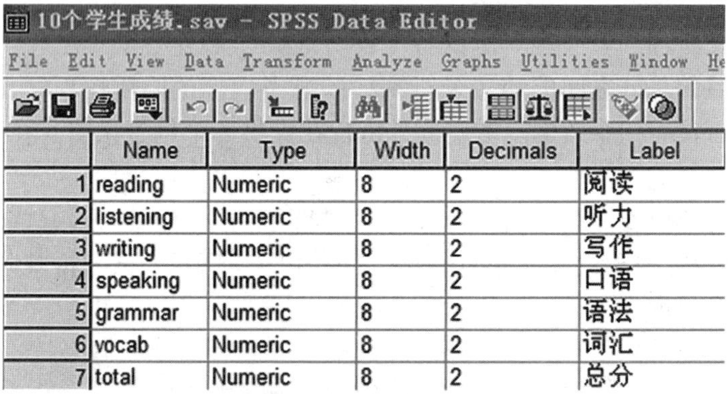

图12－6　定义变量

（2）输入数据：点击【Data View】，将全部变量的数据输入相应的数据栏中，如图12－7所示。

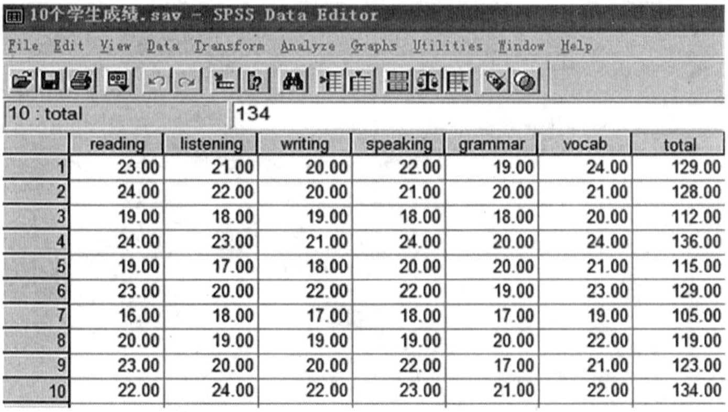

	reading	listening	writing	speaking	grammar	vocab	total
1	23.00	21.00	20.00	22.00	19.00	24.00	129.00
2	24.00	22.00	20.00	21.00	20.00	21.00	128.00
3	19.00	18.00	19.00	18.00	18.00	20.00	112.00
4	24.00	23.00	21.00	24.00	20.00	24.00	136.00
5	19.00	17.00	18.00	20.00	20.00	21.00	115.00
6	23.00	20.00	22.00	22.00	19.00	23.00	129.00
7	16.00	18.00	17.00	18.00	17.00	19.00	105.00
8	20.00	19.00	19.00	19.00	20.00	22.00	119.00
9	23.00	20.00	20.00	22.00	17.00	21.00	123.00
10	22.00	24.00	22.00	23.00	21.00	22.00	134.00

图 12－7　输入数据

步骤 2：进行统计分析。

（1）在菜单栏上单击【Analyze】，从下拉菜单中选取【Correlate】，弹出级联菜单后单击【Bivariate...】，弹出【Bivariate Correlations】对话框，如图 12－8所示。

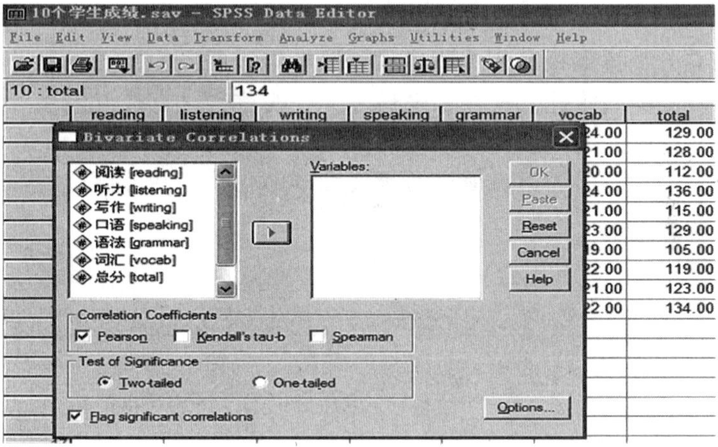

图 12－8　【Bivariate Correlations】对话框

（2）指定变量：选定左侧变量列表中的全部变量，单击箭头按钮，将之选入到【Variables】的变量列表中，如图 12－9 所示。勾选【Pearson】作极差相关，点【OK】按钮完成操作。如果还想得到描述性统计结果，可点击图 12－9 里的【Options...】。

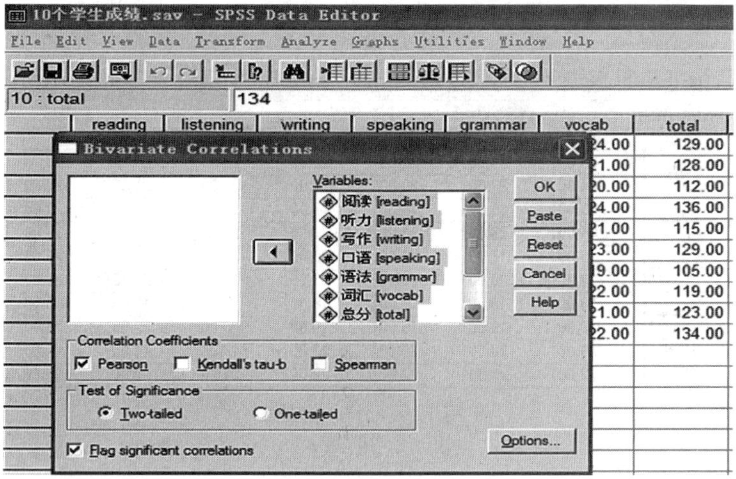

图 12-9 指定变量

步骤 3：结果与分析。

相关分析结果见表 12-5。从表中可见，阅读、写作、口语、词汇各部分之间有显著相关性，听力与阅读、写作、口语有显著相关性，但与语法、词汇没有达到显著相关。语法与各部分都没有达到显著相关。除了语法以外，各部分与总分都达到极其相关程度。这些结果表明，除了语法以外，该测试各部分有较高的同质性，这在一定程度上表明该测试有较好的构念效度。由于该测试是交际能力测试，而语法部分与该构念有些不吻合，与其他部分的相关程度也不高，因而可以考虑改进这部分的设计，或取消该部分，以使全卷更具有构念效度。

表 12-5 10 名学生测试成绩各部分相关分析矩阵（Correlations）

		阅读	听力	写作	口语	语法	词汇	总分
阅读	Correlations	1	.749*	.812**	.847**	.386	.735*	.914**
	Sig. (2-tailed)		.013	.002	.002	.271	.015	.000
	N	10	10	10	10	10	10	10
听力	Correlations	.749*	1	.788**	.818**	.522	.579*	.888**
	Sig. (2-tailed)	.013		.007	.004	.122	.080	.001
	N	10	10	10	10	10	10	10
写作	Correlations	.812**	.788**	1	.819**	.461	.688*	.900**
	Sig. (2-tailed)	.004	.007		.004	.180	.028	.000
	N	10	10	10	10	10	10	10

（续上表）

		阅读	听力	写作	口语	语法	词汇	总分
口语	Correlations	.847**	.818*	.819**	1	.433	.774**	.934**
	Sig.（2－tailed）	.002	.004	.004		.211	.009	.000
	N	10	10	10	10	10	10	10
语法	Correlations	.386	.552	.461	.433	1	.510	.604
	Sig.（2－tailed）	.271	.122	.180	.211		.132	.064
	N	10	10	10	10	10	10	10
词汇	Correlations	.735*	.579	.688*	.774**	.510	1	.830**
	Sig.（2－tailed）	.015	.080	.028	.009	.132		.003
	N	10	10	10	10	10	10	10
总分	Correlations	.914**	.888**	.900**	.934**	.604	.830**	1
	Sig.（2－tailed）	.000	.001	.000	.000	.064	.003	
	N	10	10	10	10	10	10	10

*. Correlation is significant at the 0.05 level（2－tailed）.

**. Correlation is significant at the 0.01 level（2－tailed）.

12.2.3　实例分析 3：效标关联效度

某校教师在学生参加英语专业四级考试前，为学生编制了一套四级模拟题。为考查该题是否具有效度，特意用前一年全国英语专业四级真题作为效标，并随机选了 10 名学生参加自编模拟题的测试和四级真题的测试。学生所得成绩见表 12－6。请分析这套自编模拟试题是否具有效标关联效度。

表 12－6　10 名学生自编模拟题和四级真题的测试成绩

自编模拟题	92	90	86	73	82	80	69	70	76	88
四级真题	90	87	80	75	78	75	63	68	71	85

具体步骤如下：

步骤 1：输入数据。

（1）定义变量：如图 12－10 所示，新建一个 SPSS 文档，点击【Variable View】，将变量名【Name】分别设为“模拟题”和“四级真题”，小数点【Decimals】均设为“2”，变量类型【Type】也都设为“Numeric”，完成后按【OK】。

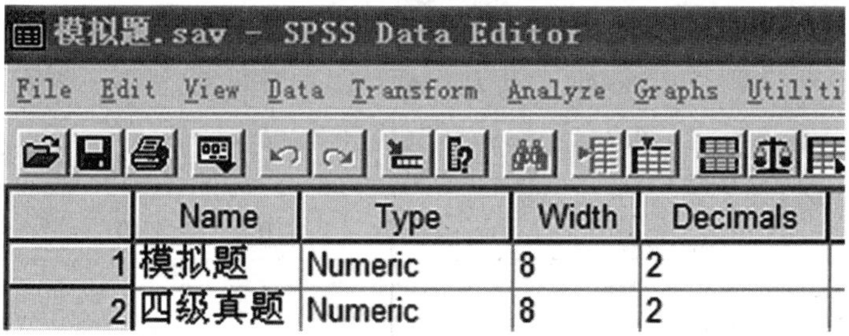

图 12 - 10　定义变量

（2）输入数据：点击【Data View】，将模拟题和四级真题的测试成绩录入相应的数据栏中，如图 12 - 11 所示。

图 12 - 11　输入数据

步骤 2：检验效度。

（1）找到相关分析：在菜单栏上单击【Analyze】，从下拉菜单中选取【Correlate】，再单击【Bivariate...】，弹出【Bivariate Correlations】对话框，如图 12 - 12 所示。

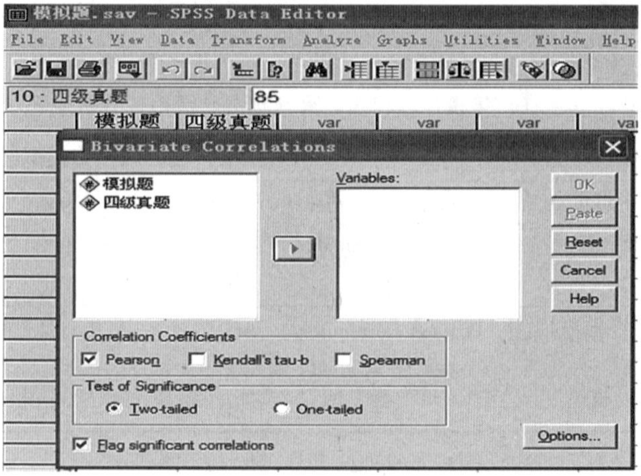

图 12－12　【Bivariate Correlations】对话框

（2）指定变量：在左侧的变量列表中选择【模拟题】和【四级真题】两个变量，单击箭头按钮，使之被选入到【Variables】的框中。在【Correlation Coefficients】中选择【Pearson】计算相关系数。如果需要描述统计信息，则选图 12－12 里的【Options...】，使【Bivariate Correlations：Options】对话框弹出，如图 12－13 所示。在【Statistics】一栏选择【Means and standard deviations】后点击【Continue】回到图 12－12 所示的对话框。

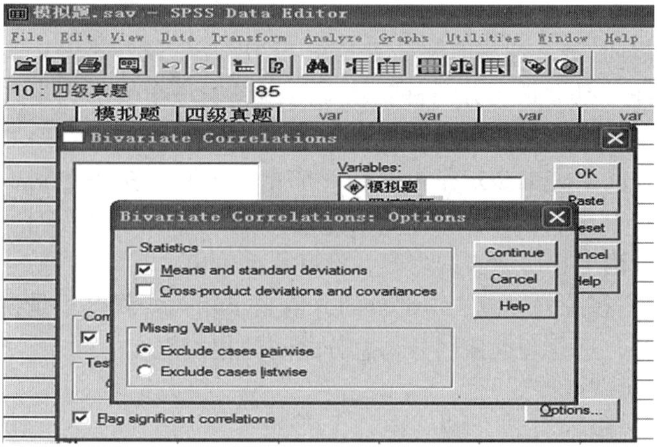

图 12－13　【Bivariate Correlations：Options】对话框

（3）点击【OK】按钮，执行 SPSS 命令，输出结果。

步骤 3：分析 SPSS 效度分析的结果。

（1）从表 12－7 可见，模拟题和四级真题的相关系数为 0.96，$P = 0.000$，因此四级真题和自编模拟题的效标关联效度很高。

表 12－7　10 名学生在自编模拟题和四级真题测试成绩相关分析矩阵（Correlations）

		四级真题	自编模拟题
四级真题	Pearson Correlation	1	.960**
	Sig.（2－tailed）		.000
	N	10	10
自编模拟题	Pearson Correlation	.960**	1
	Sig.（2－tailed）	.000	
	N	10	10

**. Correlation is significant at the 0.01 level (2－tailed).

思考题 3：某高校英语系编写了一套崭新的、符合中国英语专业教学实际情况和教学目标的英语语言水平测试卷。测试卷基本设计完成后，试卷设计团队把这套试卷和另外一套已经使用多年的大规模英语语言水平测试卷同时施测于该校英语专业二年级的 300 名学生，并计算两套试卷测试结果的相关系数。请思考试卷设计人员是在检验自己设计的那套试题的哪一种效度。

思考题参考答案

1. 两者有时是一种此消彼长的关系。信度高时效度不一定高，信度是效度的必要条件，但不是充分条件。效度是测试中最重要的因素，虽然有时为了保证效度会牺牲一点儿信度，但高效度也隐含着高信度。如果测量是有效的，从某种程度上讲也必定是可靠的，毕竟测量到的结果达到了我们想测的目标，这才是最重要的。如果有信度而没有效度，即使测到了可信的结果，也不是我们理论上想要考查的内容，没有什么价值。

2. 如果不在总分里减去该部分的分值去求相关，就等于是在该部分的分值之间求相关，这会夸大该部分与总分之间的相关程度。

3. 效标关联效度。

参考文献

1. 李绍山. 语言研究中的统计学. 西安：西安交通大学出版社，1999.

2. 秦晓晴. 外语教学研究中的定量数据分析. 武汉：华中科技大学出版社，2003.

3. 卫海英. SPSS 在商务管理中的应用. 北京：中国统计出版社，2010.

4. 吴明隆. 问卷统计分析实务——SPSS 操作与应用. 重庆：重庆大学出版社，2010.

5. 辛涛等. 心理与教育统计学. 北京：中国人民大学出版社，2010.

6. 薛薇. 统计分析与 SPSS 的应用（第四版）. 北京：中国人民大学出版社，2014.

7. 宇传华. SPSS 与统计分析（第二版）（附光盘）. 北京：电子工业出版社，2014.

8. 张文彤，董伟. SPSS 统计分析高级教程（第二版）. 北京：高等教育出版社，2013.

9. 张文彤，邝春伟. SPSS 统计分析基础教程（第二版）. 北京：高等教育出版社，2011.